Henning Schluß

Wie Jesus lernte

Henning Schluß

Wie Jesus lernte

Theologie und Pädagogik im Gespräch - Predigten

Fromm Verlag

Impressum/Imprint (nur für Deutschland/ only for Germany)
Bibliografische Information der Deutschen Nationalbibliothek: Die Deutsche Nationalbibliothek verzeichnet diese Publikation in der Deutschen Nationalbibliografie; detaillierte bibliografische Daten sind im Internet über http://dnb.d-nb.de abrufbar.

Coverbild: www.ingimage.com

Contact:
International Book Market Service Ltd., 17 Rue Meldrum, Beau Bassin, 1713-01 Mauritius
Website: www.bookmarketservice.com
Email: info@bookmarketservice.com

Gedruckt in: USA, UK, Deutschland. Dieses Buch wurde nicht in Mauritius produziert.

Imprint (only for USA, GB)
Bibliographic information published by the Deutsche Nationalbibliothek: The Deutsche Nationalbibliothek lists this publication in the Deutsche Nationalbibliografie; detailed bibliographic data are available in the Internet at http://dnb.d-nb.de.

Cover image: www.ingimage.com

Contact:
International Book Market Service Ltd., 17 Rue Meldrum, Beau Bassin, 1713-01 Mauritius
Website: www.bookmarketservice.com
Email: info@bookmarketservice.com

Printed in: U.S.A., U.K., Germany. This book was not produced in Mauritius.

ISBN: 978-3-8416-0162-9

Henning Schluß

Wie Jesus lernte –

Theologie und Pädagogik im Gespräch

Predigten

ISBN: 978-3-8416-0162-9

Inhalt

Eine Stadt ohne Angst vor dem Fremden in ihr – Religion und Bildung (Mk. 7,24-30)[1]

Liebe Gemeinde der Zionskirche,

das Verhältnis von Religion und Bildung wird dieser Tage häufig diskutiert. Die Ergebnisse der PISA-Studie liefern hierzu zahlreiche Anlässe. Immer wieder wird sie so gelesen, dass die Kinder von Migranten, noch dazu die mit der fremden Religion, bei vergleichenden Schulleistungstests schlecht abschneiden. Wenn man genauer liest, erfährt man, dass die Kinder des Japanischen Ehepaars, die nach Berlin zu Siemens ins Management gewechselt sind und dem Shintoismus angehören, häufig keine besonderen Bildungsprobleme haben. Offenbar handelt es sich hier weniger um ein Problem der Fremden schlechthin oder der fremden Religion, als um einen Herkunftszusammenhang, den man häufig mit dem Stichwort „bildungsferne Schichten" beschreibt. Der deutschen Schule gelingt es deutlich schlechter als anderen Schulsystemen in der OECD, diesen Zusammenhang von sozialer Herkunft und Bildungserfolg aufzubrechen. Es vergrößert die Unterschiede, die die Kinder schon von zu Hause mitbringen, statt an ihre Stelle die Unterschiede zu setzen, die sich im Bildungssystem selbst entwickeln und die wir eigentlich als Schulleistung bezeichnen sollten.

Das ist aber nicht wirklich ein Predigtthema, sondern sollte hier nur dazu dienen zu zeigen, wie sehr in der öffentlichen Wahrnehmung Fremde, Religion und Bildung zusammenhängen. Ein anderes Beispiel das in seiner Wirkungsgeschichte insbesondere für Euch als Berliner Bedeutung hatte, mag das verdeutlichen.

„Hatun Sürücü war die Tochter des Gärtnergehilfen Kerem Sürücü (1940–2007) und dessen Frau Hanım. Ihre Eltern sind sunnitische Kurden aus der ostanatolischen Provinz Erzurum in der Türkei. Sie siedelten Anfang der 1970er Jahre nach Berlin um. Acht ihrer insgesamt neun Kinder wurden in Deutschland geboren, Hatun Sürücü wuchs mit fünf Brüdern und drei Schwestern in Kreuzberg auf. Sie war das fünfte Kind der Sürücüs und ihre erste Tochter. Nachdem sie sich in der Pubertät immer mehr gegen ihre Familie aufgelehnt hatte, meldete ihr Vater sie nach der 8. Klasse des Robert-Koch-Gymnasiums in Kreuzberg ab. Im Alter von 16 Jahren wurde sie mit einem Vetter in der Türkei zwangsverheiratet, von dem sie 1999 schwanger wurde.

[1]Predigt gehalten im Rahmen der Predigtreihe: Eine Stadt ohne Angst vor dem Fremden in ihr. Zum Thema: Religion und Bildung. Trinitatis, 19.06.2011, Zionskirche, Berlin.

Als sie sich mit ihm und seiner strenggläubigen Familie zerstritten hatte, kehrte sie alleine nach Berlin zurück, wo sie ihren Sohn Can zur Welt brachte. ..

Im Oktober 1999 zog Sürücü aus der Wohnung ihrer Eltern in Kreuzberg beim Cottbusser Tor aus, legte ihr Kopftuch ab und fand in einem Wohnheim für minderjährige Mütter Zuflucht. Dort holte sie ihren Hauptschulabschluss nach. Zugleich suchte sie psychotherapeutische Unterstützung. Später bezog sie eine eigene Wohnung in Berlin-Tempelhof und begann eine Lehre als Elektroinstallateurin. Sie beendete die Lehre erfolgreich und stand 2005 nur wenige Tage vor dem Abschluss ihrer Gesellenprüfung. Da sie nach wie vor von ihrer Familie akzeptiert werden wollte, hielt sie weiterhin Kontakt zu Eltern und Geschwistern. Am 7. Februar 2005 wurde sie vor ihrer Wohnung an einer Bushaltestelle an der Tempelhofer Oberlandstraße mit drei Kopfschüssen getötet. Als Tatverdächtige nahm die Polizei am 14. Februar 2005 drei ihrer Brüder fest. Als Motiv wurde ein „Ehrenmord" vermutet, da Sürücü ihren Ehemann wie ihre Familie verlassen und sich entschlossen hatte, ein selbständiges Leben zu führen. Der Polizei waren bereits vor dem Mord mehrere Drohungen gemeldet worden." (Wikipedia, Zugriff: 17.6.2011).

Soweit die Geschichte, an die sich viele von Euch noch erinnern werden. Es war nicht der erste und nicht der letzte sogenannte „Ehrenmord" in Berlin, aber er hatte Weiterungen. Ich zitiere weiter aus Wikipedia: „Weitere Aufmerksamkeit erregte der Fall durch die Diskussion in einer achten Klasse der Thomas-Morus-Oberschule in Berlin-Neukölln, in der drei Schüler den Mord billigten („Die hat doch selbst Schuld. Die Hure lief rum wie eine Deutsche"), woraufhin der Schuldirektor Volker Steffens einen offenen Brief an die Eltern schrieb („Diese Schüler zerstören den Frieden des Schullebens, wenn sie den Mord gutheißen. Wir dulden keine Hetze gegen die Freiheit."). Damit löste er eine bundesweite Reaktion in den Printmedien und eine erneute Diskussion über ein Pflichtfach Wertekunde an Berliner Schulen aus." In der Tat hat dann in Berlin die Debatte um die Einführung von Ethik als für alle verbindliches Fach an Fahrt aufgenommen. Immer wieder wurde auf die Ermordung Hatun Sürücüs Bezug genommen. An dieser Stelle soll nicht die Einführung des Ethik-Unterrichts debattiert werden, sondern das Beispiel kann veranschaulichen, wie wir das Verhältnis von Bildung, Religion und Fremden in der Stadt zu allermeist diskutieren. Da sind die Fremden, die aufgrund ihrer anderen Religion und Kultur keine Vorstellung von unseren Werten, den universalen Menschenrechten haben, deshalb braucht es Bildung für sie, damit sie sich in unserer Gesellschaft normkonform bewegen können. Das Verhältnis von Bildung, Religion und Fremdheit ist zumeist so bestimmt, dass wir von den Fremden fordern, dass sie sich bilden, damit sie so werden wie wir. Ob die Fremden dazu von Ihrer Religion lassen müssen, das ist dann eine Frage der eigenen Einstellung. ‚Wir leben ja in einer säkularen Gesellschaft, also müssen auch die Fremden ihre Religion überwinden' – kann man aus den Vereinigungen engagierter Atheisten hören. Wir Evangelischen fordern zumindest gern einen „aufgeklärten Islam" und diagnostizieren, dass dem Islam eben die Aufklärung gefehlt habe, er deshalb nicht zwischen Staat, Gesellschaft Kultur und Religion unterscheiden könne, sondern, wie im Europa vor dem Investiturstreit – oder wahlweise vor den Religionskriegen – eine Art „reichskirchliches Weltganzes" (wie das Böckenförde genannt hat)[2] im Auge hat. Immerhin können wir da auch auf jüdische Historiker wie Dan Diner verweisen, die diese Thesen unter Titeln wie: „Versiegelte Zeit – Über den Stillstand in der islamischen Welt" klug belegen. Umso überraschter sind wir, von dem „arabischen Frühling dieser Tage. Furcht und Hoffnung halten sich in den Pressekommentaren zumindest die Waage. Ob ein gemäßigter Diktator im nahen- und mittleren Osten nicht doch besser ist als eine Demokratie, bei der niemand weiß was rauskommt? Das von uns Evangelischen propagierte Mittel ist deshalb auch prompt: „Bildung" nun allerdings nicht als Ethikunterricht für alle, sondern als islamischer Religionsunterricht der unter anderem die Aufgabe hat, über die eigene Religion aufzuklären. Die religiöse Bildung muss aus den Moscheen heraus in die öffentliche Schule geholt werden. Dort hat islamischer Religionsunterricht genauso ein Recht, wie katholischer, jüdischer und evangelischer, so die seit Jahren vertretene Position der EKD. Natürlich muss diese religiöse Bildung der Fremden in der öffentlichen Schule in deutscher Sprache stattfinden. Und so die Hoffnung, wird sich eine Art aufgeklärter Euro-Islam bilden, mit hier ausgebildeten Imamen und Religionslehrkräften, die ihre Religion nach den Maßstäben des Grundgesetzes zivilisieren.

Bildung zivilisiert die Religion und ist so in der Lage, die Fremden etwas weniger fremd zu machen. Genau dann – um das Thema der Reihe aufzugreifen – müssen wir auch weniger Angst vor ihnen haben. Wir machen die Fremden uns ähnlich, durch Bildung, um uns die Angst vor ihnen zu nehmen.

Durch die kurze Zusammenfassung mag das etwas karikierend gewirkt haben, was nicht heißt, dass an diesen Überlegungen nichts dran ist. Ich fasse das so kurz zusammen, weil das eigentliche Thema meiner Predigt ein anderes sein soll. Wenigstens drei Bedenken möchte ich aber noch mit auf den Weg geben.

---

[2]Böckenförde, Ernst-Wolfgang: Die Entstehung des Staates als Vorgang der Säkularisation. In: Ders. (Hrsg.): Staat, Gesellschaft, Freiheit. Studien zur Staatstheorie und zum Verfassungsrecht. Frankfurt a.M. 1976, S. 42-64.

1. Wenn wir so wie eben über Bildung reden, dann reden wir vor allem über die Vermittlung von Kenntnissen, neuerdings auch verstärkt von Kompetenzen, die insofern über Kenntnisse hinausgehen, als sie nicht nur ein Kennen sondern auch ein Können beschreiben sollen. Aber Kenntnisse über eine Sache oder auch das Können garantieren nicht ein entsprechendes Verhalten. In dem Dialog „Protagoras" lässt Platon seinen Sokrates mit Protagoras über die Frage diskutieren, ob denn die Tugend überhaupt lehrbar sei. Das Ergebnis der Diskussion ist die Umkehrung der Ausgangslage, Sokrates sieht, dass es an der Tugend lehrbare Anteile gibt, nämlich zu wissen, was tugendhaft ist, und Protagoras, der als Tugendlehrer sein Geld verdient, gibt zu, dass man tugendhaftes Verhalten nicht lehren könne. Das mag uns eine kleine Mahnung sein, die Erwartung nicht zu überschätzen, durch die Installation von Unterrichtsfächern direkt auf Verhalten durchgreifen zu können.

2. Der Bildungsgedanke, wie er seit dem 19. Jh. im deutschen Sprachraum Verwendung findet, hat eine zentrale Pointe darin, dass Bildung die Aufgabe des Subjekts ist. In diesem Sinne kann einen kein anderer bilden, sondern man kann sich nur selbst bilden. Der moderne Bildungsgedanke verweist deshalb eher auf die Bildsamkeit als auf die Bildbarkeit. Es weiß weder Mutter noch Vater, weder Lehrerin noch Lehrausbilder, was aus dem Individuum wird, sondern dieses muss seinen Lebensweg selbst gehen, sich selbst mit der Welt auseinandersetzen und sich somit selbst bilden. Bildung, in diesem Sinne, kann also keine Garantie für eine bestimmte Einstellung, Haltung, Auffassung sein. Bildung ist deshalb immer riskant – weil man gerade nicht weiß, was herauskommt. Die Hoffnung, durch Bildung die Fremden zu zivilisieren, indem man sie uns ähnlich macht, hat jedenfalls einen normativen Subtext, der dem Bildungsgedanken gerade widerspricht. Insofern waren unsere absolutistischen Staatslenker schon gut beraten, die Allgemeine Bildung auf ein Mindestmaß zu beschränken, denn gebildete Untertanen können der eigenen Macht gefährlicher werden als ungebildete.

3. Gerade an diesem Ort darf eine Erinnerung an die Zeit von vor über 20 Jahren ausgesprochen werden. Auch die Machthaber damals hatten gehofft, die Religion, wenn schon nicht durch Bildung, dann wenigstens durch Erziehung einhegen zu können. Sie haben sich glücklicherweise getäuscht. Religion sollte in einem Rechtsstaat die Möglichkeit zustehen, Politik zu kritisieren und sich ihr nicht nur unterzuordnen; wie die Politik auch die Religionen kritisieren kann.

Diese skeptischen Einwände sollen nicht so verstanden werden, als ob man deshalb die Fremden lieber ungebildet lassen sollte, damit sie uns nicht gefährlich werden sollen – vielleicht würde das World Trade Center noch stehen, wenn die Hamburger

Universität Mohamed Atta die Studienzulassung verweigert hätte – sondern sie sollen darauf hinweisen, dass wir mit Bildung vielleicht vorschnell Hoffnungen auf Assimilation verbinden, die mit dem Bildungsbegriff keineswegs gegeben sind.

Eine ganz andere Perspektive auf das Verhältnis von Bildung, Religion und Fremden kann man in unserem Predigttext aufspüren:

Der Text
Die Heilung der Tochter der Syrophönizierin nach der Übersetzung Walter Grundmanns im Theologischen Handkommentar zum NT(Mk. 7,24-30)

(24) Von dort stand er auf und ging fort in das Gebiet um Tyrus. Und er ging hinein in ein Haus und wollte, dass es niemand erführe, und er konnte nicht verborgen bleiben.

(25) Vielmehr hörte sofort eine Frau von ihm, deren Tochter einen unreinen Geist hatte; sie kam und fiel zu seinen Füßen.

(26) Die Frau aber war Griechin, Syrophönizierin von Geburt. Und sie bat ihn, dass er den Dämon aus ihrer Tochter austriebe.

(27) Und er sagte ihr: (Lass zuerst die Kinder satt werden. Denn) es ist nicht recht, das Brot der Kinder zu nehmen und es vor die Hündlein zu werfen.

(28) Sie aber antwortete und sagt zu ihm: Ja, Herr. (Aber) Auch die Hündlein fressen unter dem Tisch von den Bissen der Kinder.

(29) Und er sagte ihr: Um dieses Wortes willen gehe hin, ausgefahren ist aus deiner Tochter der Dämon!

(30) Und sie ging in ihr Haus und fand ihr Kind auf dem Lager liegend und den Dämon ausgefahren.

Erläuterungen zum Kontext
(24) Von dort stand er auf und ging fort in das Gebiet um Tyrus. Und er ging hinein in ein Haus und wollte, daß es niemand erführe, und er konnte nicht verborgen bleiben.

„Von dort", das bezeichnet ein Streitgespräch, das Jesus in der Markinischen Komposition unmittelbar vor unsere Geschichte setzt. Wieder einmal hatte sich Jesus mit Schriftgelehrten und Pharisäern gestritten. Diesmal hatten sie ihn gefragt, weshalb seine Jünger sich nicht vor dem Essen die Hände waschen, wie die Reinheitsgebote es verlangten und nach einigem hin und her ist Jesus förmlich der Kragen geplatzt und er hat behauptet, der Mensch könne gar nicht durch das verunreinigt werden, was in ihn hineinginge, nur das was aus ihm herauskommt, das mache wirklich unrein. Nicht mal die Jünger hatten ihn verstanden und so fährt er sie auch an und erläutert gereizt, was er meint. Was man zu sich nimmt, an Essen und Trinken, das gehe durch den Menschen hindurch. Es komme am anderen Ende wieder hinaus, tangiere aber nicht die Lebensmitte des Menschen, sein Herz, das was den Menschen wirklich ausmacht. Ganz anders ist es mit den Dingen, die Menschen tun und sagen. Diese kommen aus ihnen selbst, für die sind sie selbst verantwortlich und alles das, „böse Gedanken, Hurerein, Diebstähle, Morde, Ehebrüche, Habgierigkeiten, Bosheiten, Falschheit, Schwelgerei, neidischer Blick, Lästerung, Überheblichkeit, Unvernunft, alle diese bösen Dinge kommen von innen heraus und verunreinigen den Menschen“ (Mk 7, 22-23).

Wir merken es, Jesus ist aufgebracht und er muss weg; weg von diesen Leuten, die ihn nerven mit ihrer aufgesetzten Frömmigkeit. Sie haben offenbar nichts von dem verstanden, worum es wirklich geht. Sie halten sich an Äußerlichkeiten fest und verstehen nicht, dass es nicht um diese Äußerlichkeiten geht, sondern dass sie lediglich der Ausdruck dessen sind, worum es wirklich geht. In diesem Fall darum, was Gott eigentlich von seinen Menschen und mit ihnen will. Jesus in seinem Element, Jesus als der Lehrer mit mehr oder weniger unbelehrbaren Schülern. Eine pädagogische Grundsituation. Wir würden am liebsten die Tür vom Gemeinderaum zuknallen, die Tür des Klassenzimmers ins Schloss schmeißen und erstmal durchatmen. So macht es auch Jesus:

„Von dort stand er auf und ging fort in das Gebiet um Tyrus.“

Tyrus, heute Sûr, ist eine Stadt im Libanon mit 120.000 Einwohnern, am Mittelmeer gelegen, in unmittelbarer Nähe der Grenze zum nördlichen Israel. Damals war sie die wichtigste Stadt der Phönizier. Schon damals also eine Stadt an der Grenze. Eine Stadt, die durchaus noch im kulturellen Einflussgebiet Israels stand.

(25) Vielmehr hörte sofort eine Frau von ihm, deren Tochter einen unreinen Geist hatte; sie kam und fiel zu seinen Füßen.

(26) Die Frau aber war Griechin, Syrophonizierin von Geburt. Und sie bat ihn, daß er den Dämon aus ihrer Tochter austriebe.

Die Hoffnung des lokalen Prominenten Jesus, sich zurückzuziehen und seine Ruhe zu haben, erfüllt sich nicht. Kaum ist er im Ausland angekommen, schon kommt eine Frau, die ihn kennt, von ihm gehört hat und ihn um Hilfe bittet. Die Heilstaten Jesu hatten sich herumgesprochen, sogar hier in heidnischem Gebiet. So sehen wir schon bei Mk. 3, 8, wo in Galiläa viel Volk Jesus umdrängt, das nicht nur aus Israel, sondern auch aus dem griechischen Ausland kam.

Was dann passiert ist kein Ruhmesblatt in der Geschichte Jesu. Wir hätten das so nicht erwartet, es ist doch ein Skandal, wie der Jesus mit der Frau umgeht. Klar sind wir auch manchmal gereizt, aber Jesus? Und: Warum wird es dann auch noch aufgeschrieben, in dieses „Heilige Buch"? Die Geschichte, wie Jesus ausfällig gegenüber einer fremden Frau wurde und die sich unterwürfig ihm andient.

Bernd Albani, der spätere Pfarrer der Gethsemanekirche im Prenzlauer Berg, schrieb in einer Predigt über diesen Text, die er 1988 bei einem Friedensseminar in Meißen hielt, in einem „Monolog an Jesus" folgende Sätze:„Ja, du regst mich auf, Jesus. Das passt nicht in mein Bild von dir. Das Bild des freundlichen, des liebevollen Jesus. Das Bild von einem Jesus, der auf der Seite der Erniedrigten steht. Wie kannst du nur so hart sein zu dieser Frau, so abweisend, so ausgrenzend, so beleidigend? Wie kannst du nur so reden?"[3]

Für mich selber ist im Zusammenhang mit dieser Geschichte eine Erfahrung beim Bibliodrama wichtig geworden. Ich wählte die Rolle der Frau, weil ich ihre Selbsterniedrigung nicht verstand. Wie kann sich ein Mensch nur selbst so schlechtmachen, die Erniedrigung durch einen anderen nicht nur über sich ergehen lassen, sondern sie sogar noch aufnehmen? Im Prinzip sagt sie doch: ‚Ja, Du hast Recht, Jesus! Ich bin ein Hund.' Indem ich diese Frau gespielt habe, passierte mir etwas Eigenartiges. Ich hatte damals noch keine Kinder und doch fühlte ich, als ich als sie agiert habe, dass ich das alles nicht für mich tat, sondern für meine Tochter. Die liegt krank und stirbt vielleicht und die einzige Hoffnung ist dieser Mensch da, der mich beleidigt – in dem Moment war mir das aber völlig egal, mir ging es um meine Tochter und ich versuchte alles, um ihn umzustimmen. Dass es eine Beleidigung war, habe ich gar nicht so sehr mitbekommen und habe vielmehr nur registriert, wie gut sich das Argument so drehen lässt, dass Jesus vielleicht doch noch aufspringt, doch noch seine Meinung ändert.

Deshalb mobilisiert sie alle Kräfte, nimmt alle Beleidigungen in Kauf um ihrer Tochter zu helfen. Auf sich selbst nimmt sie keinerlei Rücksicht. Ehrbegriffe verblassen einfach vor dieser existentiellen Notwendigkeit, dem eigenen Kind das Leben zu retten.

---

[3]Predigt vom 17.4.1988 beim Friedensseminar in Meißen (Thema: „Überwindung von Abgrenzungen - mit Grenzen leben") gehalten hatte (veröffentlicht in der Samisdat-Zeitschrift „Aufrisse 2" 1988).

Exegetisches

Als Theologen schauen wir immer erst mal in die textkritischen Kommentare und erleben da, dass die dort vorgestellten Deutungen die Anstößigkeit unserer Geschichte erheblich abschwächen.

(27b!) „Denn es ist nicht recht, das Brot der Kinder zu nehmen und es vor die Hündlein zu werfen."

Dass da von Hündlein die Rede ist, ist nicht niedlich gemeint, sondern möglicherweise überhaupt eine gebräuchliche Form zu der Zeit oder es bezeichnet die Haushunde im Unterschied zu den streunenden Wildhunden, denn im sprachlichen Bild befinden wir uns ja bei der Mahlgemeinschaft im Haus.

Dieses Sprachbild war ähnlich bekannt, wie das unsrige von den „Perlen vor den Säuen", wenngleich es stärker noch auf existentielle Grundbedürfnisse verweist. Der Vergleich von Heiden mit Hunden bewegt sich sicher nicht erst heute jenseits jeder political correctness, sondern war damals schon verletzend und diskriminierend. Jesus in den Mund gelegt, ist dieses Wort eine gezielte Provokation in der Verhältnisbestimmung von Dazu-Gehörenden und Draußen-Stehenden. Diejenigen, die Drinnen stehen, bestimmen, wer dazu gehören darf und wer Draußen stehen muss. Zugespitzt geht es um die Frage, ob das Brot des Reiches Gottes auch Nicht-Juden gegeben werden kann. Sie spiegelt die Auseinandersetzung in den frühen Gemeinden: Auf der einen Seite diejenigen mit der Botschaft: „Jesus ist der Messias nur für Israel!" gegen die auf der anderen Seite, die proklamierten: „Der Gott Israels will Heilung für alle, die ihrer bedürfen – auch für die Menschen aus nichtjüdischen Völkern!"

Vielleicht ist es Markus selbst, der in die Geschichte schon eine gewisse Deutung einträgt. Die Textkritische Forschung legt nahe, dass der Vers 27a aus der Redaktion des Markus stammt. Mit diesem Vers-Teil klingt die Geschichte so:

(27) Und er sagte ihr: Laß ***zuerst*** die Kinder satt werden. Denn es ist nicht recht, das Brot der Kinder zu nehmen und es vor die Hündlein zu werfen.

Markus würde dann eine zeitliche Reihenfolge eintragen. Das ist nicht mehr so ausschließlich, wie das strikte; „es ist nicht recht", sondern ganz im Sinne des Paulus wird hier eine Abfolge beschreiben, zuerst die Juden, dann die Welt.

Eine andere Interpretationsmöglichkeit bezieht sich darauf, dass Jesus sich ja mit seinen Jüngern zurückziehen wollte, um sich auf ihm und ihnen Bevorstehendes vorzubereiten. Dann würde die Frau ihn einfach in der Klausur mit den Jüngern stören, zu der er sie sich zurückgezogen haben. Das ist ja nun wirklich unverschämt. Wie würden wir reagieren, würde jemand in die andächtige Stille des Gottesdienstes platzen und wollen, dass der Pfarrer Enger mal eben seine Tochter, die zu Hause da niederliege, heile? Wir würden doch auch sagen, gute Frau, sie sehen doch, wir sind gerade alle in der Andacht, kommen Sie doch in einer halben Stunde nochmal wieder.

Für welche Interpretation man sich auch entscheidet, der Frau in unserem Text hilft die wie auch immer begründete Abwehrhaltung von Jesus in ihrer konkreten Not herzlich wenig. Sie interveniert:

(28) Sie aber antwortete und sagt zu ihm: Ja, Herr. (Aber) Auch die Hündlein fressen unter dem Tisch von den Bissen der Kinder.

Das „Aber" ist nicht von allen Varianten des Urtextes bezeugt. Im Nestle-Aland ist es darum nicht mit in den Haupttext aufgenommen worden. In der Übersetzung von Walter Grundmann fehlt es ebenso, aber die Lutherbibel fügt es ein und ich finde sie hat inhaltlich in jedem Fall recht, denn schlagfertig nimmt die Frau das Niveau auf, stimmt ihm Ehr erbietend (Ja, Herr) zu und findet mit dem widerständigen Wort „aber" Augenhöhe – „aber die Brosamen". „Danke, Herr, die Brosamen reichen – mehr wollen wir nicht, das hilft uns schon!" Brosamen oder „Kleine Bröckchen" (psichioi) deuten eher darauf, dass dieser Tisch in einer armen Familie steht.

Und schließlich führt die Argumentation der Frau zum Erfolg:

(29) Und er sagte ihr: Um dieses Wortes willen gehe hin, ausgefahren ist aus deiner Tochter der Dämon!

Das Wort „Glauben" verwendet Markus nicht, aber doch, so die Kommentare, geht es hier um den Glauben. Es sei kein Verdienst, welcher die Heilung durch Jesus bewirke, sondern ihr Zutrauen zu ihm. Der Sache nach, nicht dem Begriff nach, ist eben dieses Zutrauen das was den Glauben ausmacht.

Jesus lernt

Jesus ist abweisend, arrogant, fremdenfeindlich in dieser Geschichte, das haben wir gesehen. Aber wie in vielen Begegnungsgeschichten, gibt es in dieser eine Veränderung. Menschen begegnen Jesus und ändern ihr Leben – nicht alle tun das, manche ziehen auch traurig von dannen, wie der reiche Jüngling, gerade weil sie Jesus verstanden haben, andere kehren um, tuen Buße wie es heißt, sie ändern ihr Leben, geben die Hälfte ihres Besitzes den Armen, wie Zachäus, nachdem Jesus sich bei ihm zum Essen eingeladen hatte. Dass sich etwas ändert, ist also doch eigentlich nichts Besonderes in dieser Jesusgeschichte?

Besonders ist aber, was sich hier ändert. Sonst ist es in der Regel das Gegenüber Jesu, die oder der eine neue Einsicht gewinnt. Sei es, wenn auf einer Hochzeit Wasser zu Wein wird oder wenn der zwölfjährige Jesus im Tempel die Schriftgelehrten belehrt. In unserer Geschichte aber ist es Jesus, der sich verändert. Jesus kommt als ein anderer raus aus dieser Geschichte, als der er hineingegangen ist. Er hat etwas gelernt durch die Begegnung mit dieser ausländischen Frau. Dabei hat er nicht irgendetwas gelernt - ein Wort auf Griechisch meinethalben, das ihm die Frau beigebracht haben könnte -, sondern er hat eine Erfahrung gemacht, die den Kern seines Lebens betrifft. Diese Begegnung, so meine Interpretation, hat Jesu Leben verändert und zwar an dem wichtigsten Punkt überhaupt, an dem, was seine eigene Botschaft angeht. Die Beziehung zu dieser ausländischen, fremdgläubigen Frau lässt ihm klarwerden, dass sein bisheriges Welt- und Selbstkonzept – er ist geschickt zu den Kindern Israels – Unsinn ist. Er versteht: Gott ist viel größer, als er bislang von ihm gedacht hat. Die Begegnung mit dieser Frau macht nicht, dass Jesus irgendetwas dazulernt, sondern es ist eine sehr eigene, sehr grundsätzliche Lernerfahrung die Jesus macht.

Was bedeutet das für unser Thema, Religion und Bildung in Bezug auf die Angst vor Fremden? So wie ich es vorhin kurz zusammengefasst habe, ist unsere Perspektive auf Religion, Bildung, Fremde zumeist: Die Fremden sollen sich bilden, dann müssen wir auch weniger Angst vor ihrer Religion haben. An dieser Geschichte mit Jesus sehen wir eine ganz andere Perspektive: In der Begegnung mit der Fremden, lernt Jesus etwas über seine eigene Aufgabe. Wenn man so will, lernt Jesus hier etwas über seine Religion. Jesus lernt von einer Fremden, was Gottes Wille mit ihm und mit der Welt meint. Das Heil ist nicht beschränkt auf sein Volk, sondern Gottes Heil ist für alle Menschen da. Das lernt Jesus nicht im Dialog mit den Schriftgelehrten oder Pharisäern, nicht von Johannes dem Täufer und nicht im Gespräch mit seinen Freunden, den Jüngerinnen und Jüngern – er weiß es auch nicht schon aus sich selbst oder aus der göttlichen Eingebung, sondern er lernt es von dieser Fremden. Genau dieser Fremden, die er erst einmal sehr barsch abgebürstet hat und mit einem Hund verglichen hat. Wir nicht-jüdischen Christen können dieser Frau aus Syrophönizien zu Dank verpflichtet sein. Wir können aber auch von ihr lernen. In der Begegnung mit den Fremden können wir uns selber bilden. Wir können etwas über Religion lernen. Nicht nur über die Religion der Anderen, sondern -das zeigt diese Geschichte von Jesus -, wir können etwas über unsere eigene Religion lernen. Nicht nur etwas Nebensächliches, sondern sogar noch da, wo es ans Eingemachte geht, wo der Kern unseres Glaubens berührt wird. Wen meint Gott mit seiner Guten Botschaft? Er meint alle, auch die vermeintlich Fremden. Jesus hat bei dieser fremden Frau so viel Glauben gefunden, wie bei vielen nicht, die er eigentlich als seine Landsleute, sein Volk, seine

Gemeinde hätte bezeichnen können. So lasst uns die Begegnung mit den Fremden nicht scheuen, nicht nur, damit sie etwas lernen und wir etwas von ihrer Religion lernen, sondern wir dürfen hoffen, etwas über uns selbst, über unseren eigenen Glauben in der Begegnung mit anderen zu erfahren.

Das eröffnet auch noch einmal eine andere Perspektive auf das Verständnis von Mission. Mission und Bildung werden da zuweilen in einem Atemzug genannt. Gewöhnlich verstehen wir Mission so, dass wir den Fremden, den Unentschlossenen, den Atheisten etwas nahebringen von der Guten Botschaft Gottes. Diese Geschichte zeigt uns, in der Begegnung mit ihnen können wir etwas lernen - über Gottes Absichten mit der Welt und mit uns.

Amen.

Der Sündenfall und heutige Katastrophen (1. Mose 3, 1-19)[4]

Text:
Der Sündenfall

1Aber die Schlange war listiger als alle Tiere auf dem Felde, die Gott der HERR gemacht hatte, und sprach zu dem Weibe: Ja, sollte Gott gesagt haben: ihr sollt nicht essen von allen Bäumen im Garten? 2Da sprach das Weib zu der Schlange: Wir essen von den Früchten der Bäume im Garten; 3aber von den Früchten des Baumes mitten im Garten hat Gott gesagt: Esset nicht davon, rühret sie auch nicht an, daß ihr nicht sterbet!4Da sprach die Schlange zum Weibe: Ihr werdet keineswegs des Todes sterben, 5sondern Gott weiß: an dem Tage, da ihr davon esset, werden eure Augen aufgetan, und ihr werdet sein wie Gott und wissen, was gut und böse ist.

6Und das Weib sah, daß von dem Baum gut zu essen wäre und daß er eine Lust für die Augen wäre und verlockend, weil er klug machte. Und sie nahm von der Frucht und aß und gab ihrem Mann, der bei ihr war, auch davon, und er aß. 7Da wurden ihnen beiden die Augen aufgetan, und sie wurden gewahr, daß sie nackt waren, und flochten Feigenblätter zusammen und machten sich Schurze. 8Und sie hörten Gott den HERRN, wie er im Garten ging, als der Tag kühl geworden war. Und Adam versteckte sich mit seinem Weibe vor dem Angesicht Gottes des HERRN unter den Bäumen im Garten. 9Und Gott der HERR rief Adam und sprach zu ihm: Wo bist du? 10Und er sprach: Ich hörte dich im Garten und fürchtete mich; denn ich bin nackt, darum versteckte ich mich. 11Und er sprach: Wer hat dir gesagt, daß du nackt bist? Hast du nicht gegessen von dem Baum, von dem ich dir gebot, du solltest nicht davon essen? 12Da sprach Adam: Das Weib, das du mir zugesellt hast, gab mir von dem Baum, und ich aß. 13Da sprach Gott der HERR zum Weibe: Warum hast du das getan? Das Weib sprach: Die Schlange betrog mich, so daß ich aß.

14Da sprach Gott der HERR zu der Schlange: Weil du das getan hast, seist du verflucht, verstoßen aus allem Vieh und allen Tieren auf dem Felde. Auf deinem Bauche sollst du kriechen und Erde fressen dein Leben lang. 15Und ich will Feindschaft setzen zwischen dir und dem Weibe und zwischen deinem Nachkommen und ihrem Nachkommen; der soll dir den Kopf zertreten, und du wirst ihn in die Ferse stechen.

[4] Gottesdienst in Friedrichsthal, 1. So der Passionszeit, Invokavit, 5.3.2006.

16Und zum Weibe sprach er: Ich will dir viel Mühsal schaffen, wenn du schwanger wirst; unter Mühen sollst du Kinder gebären. Und dein Verlangen soll nach deinem Manne sein, aber er soll dein Herr sein.

17Und zum Manne sprach er: Weil du gehorcht hast der Stimme deines Weibes und gegessen von dem Baum, von dem ich dir gebot und sprach: Du sollst nicht davon essen -, verflucht sei der Acker um deinetwillen! Mit Mühsal sollst du dich von ihm nähren dein Leben lang. 18Dornen und Disteln soll er dir tragen, und du sollst das Kraut auf dem Felde essen. 19Im Schweiße deines Angesichts sollst du dein Brot essen, bis du wieder zu Erde werdest, davon du genommen bist. Denn du bist Erde und sollst zu Erde werden.

Predigt
Ihr Lieben,

vielleicht sollten wir in Zeiten der Vogelgrippe lieber über den Psalm nachdenken als über den Predigttext vom schönen Paradies und seiner Vertreibung. Im Psalm haben wir sehr treffend auf die aktuelle Situation gebetet:

4Er wird dich mit seinen Fittichen decken, und Zuflucht wirst du haben unter seinen Flügeln. Seine Wahrheit ist Schirm und Schild, 5daß du nicht erschrecken mußt vor dem Grauen der Nacht, vor den Pfeilen, die des Tages fliegen,

6vor der Pest, die im Finstern schleicht, vor der Seuche, die am Mittag Verderben bringt.

9Denn der HERR ist deine Zuversicht, der Höchste ist deine Zuflucht. 10Es wird dir kein Übel begegnen, und keine Plage wird sich deinem Hause nahen.

Eine starke Hoffnung drückt sich in diesen Zeilen aus, die Seuche, wie alle anderen Gefahren auch, möge an uns vorüber gehen. Aufgeschrieben wurde dieser Psalm von einem Volk, an dem seit seinem Bestehen keineswegs alle Plagen und Katastrophen vorübergingen, sondern dass immer wieder Katastrophen erlebte, die seine Existenz zu bedrohen schienen und es in alle Winde zerstreuten. Derzeit sieht es nicht so aus, als würde die Vogelgrippe an uns vorübergehen, sondern eher so, als müssten wir uns daran gewöhnen mit ihr zu leben. Insofern können wir uns von der Zuversicht des alten Volkes Israel ruhig eine Scheibe abschneiden, dass es trotz aller Unbill weitergehen wird.

Dennoch hat die Vogelgrippe vielleicht mehr mit unserem Text aus der Schöpfungserzählung zu tun, als wir zunächst meinen.

„Hinterher ist man schlauer", dieser Spruch meint ja nicht nur einen Zuwachs an Wissen nachdem ein Ereignis uns erreicht hat, sondern wir können es auch sagen, wenn jemand etwas Unvorsichtiges macht und sich dabei verletzt. Dann weiß er oder sie, dass es besser nicht getan hätte sollen. Hinterher warst Du schlauer. Vermutlich werden wir das auch bei der Vogelgrippe zu hören bekommen – hinterher sind wir alle schlauer – aber auch über der unserer Geschichte vom Sündenfall könnte das als Motto stehen: Hinterher waren sie schlauer.

Und mit diesem Versprechen fängt die ganze Geschichte an, mit dem Versprechen der Schlange, hinterher klüger zu sein. Die Schlange fädelt das geschickt ein. Gott hat den Menschen gesagt, sie dürften von allen Früchten im Garten essen, nur von dem einen nicht. Was macht die Schlange daraus? „Ja, sollte Gott gesagt haben: ihr sollt nicht essen von allen Bäumen im Garten?"

Das ist nicht wirklich falsch, aber so hatte es Gott eben auch nicht gesagt, denn er hatte ja erlaubt von allen Früchten zu essen, bis auf den einen. Und wie das so ist, der Blick geht eben vor allem auf die verbotene Frucht. Es hat den Anschein, dass alle anderen Früchte im Vergleich mit dieser Frucht blass und fade sind.

„Und das Weib sah, daß von dem Baum gut zu essen wäre und daß er eine Lust für die Augen wäre". Ich weiß nicht wie es Ihnen geht, aber an solchen Stellen merkt man, weshalb diese Erzählungen am Anfang der Bibel auch Urerzählungen genannt werden. Sie sprechen eine grundsätzliche Verfasstheit des Menschen an. Noch Jahrtausende später können wir uns in ihnen wieder finden. Denn wer hat das nicht schon erlebt, dass der Blick besonders auf das Verbotene geht und es uns am verlockendsten erscheint. Die Versprechung, welche von ihm ausgeht ist dabei häufig verlockender, als das, was es hinterher tatsächlich einlöst. Aber wie das eben so ist: man ist erst hinterher klüger.

Eva verspricht sich ja vom Genuss der Frucht noch etwas anderes als einen besonderen Gaumenkitzel. Etwas, wie uns scheint, sehr Ehrbares. Für Eva war die Frucht auch deshalb „verlockend, weil sie klug machte". Gerade in Zeiten in denen „Lebenslanges Lernen" zur Existenznotwendigkeit erklärt wird. Schon unsere Kleinsten werden möglichst den ganzen Tag organisiert zum Lernen animiert. In der Ganztagsschule oder schon im Kindergarten mit Englisch und musikalischer Früherziehung. Was die Schule lehrt, reicht meist nicht aus, sondern Nachhilfe gehört zum guten Ton. Und wir Erwachsene können uns auch nicht mehr auf dem ausruhen, was wir einmal gelernt haben, sondern lassen uns beständig weiter- und fortbilden. Wohl wäre es auch für uns eine Versuchung, auf so bequeme Art klüger zu werden, indem wir einfach eine Frucht essen. Dabei ist dieser Zwang klüger zu werden keineswegs nur auf die erwerbstätige Generation beschränkt. Noch im Alter müssen wir beständig Neues Lernen, weil die neue Waschmaschine einem Computer gleicht, die Kaffeemaschine eine Gebrauchsanleitung hat, die vom Umfang her an einen Goetheband erinnert und vom Küchenherd wollen wir gar nicht anfangen zu reden. Wenn der alte Fernseher irreparabel kaputt geht oder die Enkel einem eine hübsche kleine Stereoanlage schenken, dann hat die Fernbedienung mindestens 50 mikroskopisch kleine Knöpfe. Gelobt sei, wer die hohe Kunst der Videorecorder Programmierung beherrscht. Bei uns muss das immer meine Frau machen. Und dann gibt es ja auch noch ganz wagemutige, die im Rentenalter anfangen, sich mit dem Computer, Internet und E-Mail auseinanderzusetzen, um mit ihrem Enkel in Australien oder Erlangen in Verbindung bleiben zu können, denn Briefe zu schreiben ist schon lange „out" und Telefonieren geht nicht, weil der Enkel niemals zu erreichen ist. Es sei denn, man ruft sein „Handy" an, womit wir bei der nächsten Lernherausforderung wären.

Klüger werden durch Früchte essen, das hat die Wissenschaft uns leider noch nicht beschert, aber vielleicht würden auch wir begierig zugreifen, wenn es uns einer verspräche. Es gibt noch ein weiteres Versprechen, das die Schlange macht. Die Menschen würden keineswegs sterben, sondern unterscheiden können, was Gut und Böse ist.

Das ist zwar für die Karriere nicht unbedingt von Vorteil, wenn man immer so genau zwischen Gut und Böse unterschieden könnte, aber wie oft würden wir uns auch das wünschen. Die Dinge liegen häufig nicht so einfach, dass wir so leicht zwischen Gut und Böse unterscheiden könnten. Freilich, jemanden einen Knüppel über den Schädel zu hauen, -da werden wir uns schnell einig werden, dass das böse ist. Aber manche Menschen sind anscheinend davon überzeugt, dass es nicht böse ist, sich und andere in die Luft zu sprengen, zur höheren Ehre Gottes. Wieder andere meinen aus vermeintlich christlicher Motivation, dass man Ärzte, die Abtreibungen vornehmen, ruhig umbringen darf. Aber es muss gar nicht so radikal sein, wie oft sind wir uns mit anderen uneins darüber, was nun eigentlich gut und was böse ist. Wie viel Fernsehen gucken ist gut? Ab wann wird das Ziel, viel Geld zu verdienen, zu einer bösen Sache? Und dann gibt es ja noch die Fälle, wo wir uns selbst gar nicht klar sind, ob wir das nun gut oder böse finden sollen. Ist es gut, die Bundeswehr im Innern einzusetzen? Ist es gut oder böse Telefone abzuhören und damit eventuell Terroristen aufzuspüren?

Wenn wir nur von der Frucht gegessen hätten, würde uns die Schlange versprechen, dann wüssten wir's. Hinterher wären wir klüger.

Hinterher waren Adam und Eva auch klüger! Sie bastelten sich schnell einen Lendenschurz aus Feigenblättern. Sie schämten sich für ihre Nacktheit. Das war anscheinend ihre ganze Klugheit. Denn dass sie sonst noch etwas mehr gewusst hätten, dass sie sonst noch mehr hätten unterscheiden können, wird nicht berichtet.

Die Strafe für diese Tat ist drastisch: die Vertreibung aus dem Paradies. Und dann, gucken wir genauer hin, dann steht da als Strafe, dass wir uns anstrengen müssen um uns ernähren zu können. Dass die Frauen Kinder zur Welt bringen und dass das nicht ohne Schmerzen abgehen wird. Dass die Frau dem Manne untertan sein solle, davon ist in unseren Breiten zumindest nicht mehr allzu viel zu spüren, wenn es denn je überall gegolten hätte, denn der Spruch, dass die Frau die Hosen anhabe, kennen vermutlich auch noch die Älteren unter uns aus ihrer Jugend. Sieht man so hin, dann ist diese Strafe für uns doch das normalste von der Welt.

Die Geschichte vom Sündenfall ist eben auch deshalb eine Urgeschichte, weil sie ganz am Anfang der Menschheit spielt. Nicht mal die allerersten Menschen waren ohne Sünde. Auch sie verstießen gegen Gottes Gebot. Und schon die allerersten Menschen lebten nicht wirklich lange im Paradies, sondern sie lebten hier auf unserer Welt, wo man für seinen Lebensunterhalt sich anstrengen muss, wo Kinder kriegen schmerzhaft ist und wo die Frage, wer denn nun die Hosen im Haus an hat, immer wieder im Raum steht.

Die Schlange, welche die Menschen versucht hat, -auch sie ist ein Geschöpf Gottes, sagt unsere Geschichte. Der Baum, von dem die Menschen essen, auch er ist von Gott geschaffen, sagt die Geschichte. Das versucht zu werden, wie das Versuchen gehört wohl beides zu Gottes Schöpfung schon im Paradies dazu. Hinterher sind wir klüger. Dieser Satz gilt auch und gerade für die Sünde. Hinterher wissen wir‘s, dass wir da was falsch gemacht haben. Hinterher da sagt uns das Gewissen – hier hast Du Dich versündigt, an Gott oder an anderen Menschen. Hinterher wussten es auch Adam und Eva besser. Dennoch waren sie nun angekommen in unserer Welt. In einer Welt, in der die Sünde dazugehört. „Erbsünde“ haben das die alten Kirchenväter genannt.

Aber eines ist doch bemerkenswert. Gott zerstört nicht etwa seine Schöpfung und sagt etwa: aha, die Menschen sind sündig, also vernichte ich meine Schöpfung wieder. Nein, er schickt die Menschen in die Welt. Er vertraut darauf, dass die Menschen hinterher klüger werden. Übrigens ist das auch heute noch ein gutes Argument gegen die Todesstrafe. Bei der Todesstrafe wird man hinterher nicht klüger, sondern tot. Und Gott bleibt seinen Menschen auch außerhalb des Paradieses treu. Auch wenn sie ihn immer wieder enttäuschen, er lässt nicht locker und will immer wieder mit ihnen weitermachen oder einen Neuanfang wagen. Gott weiß, dass wir Sünder bleiben. Aber er hofft auch darauf, dass wir zumindest hinterher klüger werden. Er hält uns die Treue wie er uns Christen besonders in Jesus gezeigt hat, der sich ja vor allem den Sündern zuwandte. Sündern, wie wir es alle sind, seit Adam und Eva.

Amen.

Sünde(Jak. 2,1 – 13)[5]

Text

„Liebe Brüder, haltet den Glauben an Jesus Christus, unsern Herrn der Herrlichkeit, frei von allem Ansehen der Person. Denn wenn in eure Versammlung ein Mann käme mit einem goldenen Ring und in herrlicher Kleidung, es käme aber auch ein Armer in unsauberer Kleidung und ihr sähet auf den, der herrlich gekleidet ist, und sprächet zu ihm: Setze du dich hierher auf den guten Platz! und sprächet zu dem Armen: Stell du dich dorthin! oder: Setze dich unten zu meinen Füßen!, ist's recht, dass ihr solche Unterschiede bei euch macht und urteilt mit bösen Gedanken? Hört zu, meine lieben Brüder! Hat nicht Gott erwählt die Armen in der Welt, die im Glauben reich sind und Erben des Reichs, das er verheißen hat denen, die ihn lieb haben? Ihr aber habt dem Armen Unehre angetan. Sind es nicht die Reichen, die Gewalt gegen euch üben und euch vor Gericht ziehen? Verlästern sie nicht den guten Namen, der über euch genannt ist? Wenn ihr das königliche Gesetz erfüllt nach der Schrift „Liebe deinen Nächsten wie dich selbst“, so tut ihr recht; wenn ihr aber die Person anseht, tut ihr Sünde und werdet überführt vom Gesetz als Übertreter. Denn wenn jemand das ganze Gesetz hält und sündigt gegen ein einziges Gebot, der ist am ganzen Gesetz schuldig. Denn der gesagt hat: „Du sollst nicht ehebrechen“, der hat auch gesagt: „Du sollst nicht töten.“ Wenn du nun nicht die Ehe brichst, tötest aber, bist du ein Übertreter des Gesetzes. Redet so und handelt so wie Leute, die durchs Gesetz der Freiheit gerichtet werden sollen. Denn es wird ein unbarmherziges Gericht über den ergehen, der nicht Barmherzigkeit getan hat; Barmherzigkeit aber triumphiert über das Gericht.“ (Jak. 2,1 – 13).

Predigt

Ihr Lieben,

ein nicht ganz leicht zu verstehender Text, unser Predigttext. Vielleicht liegt es an der alten Sprache, die der unseren so gar nicht mehr entspricht. Aber schon Martin Luther, der uns die Bibel ja ins Deutsche übersetzte und sonst nicht verlegen war, wenn es galt, gute Worte und eingängige Verse für seine Übersetzungen zu finden, sagte vom Jakobusbrief, er sei eine „stroherne Epistel“. Luther war kein „Fan“ dieses Briefes. Und das lag gewiss nicht nur daran, dass der Brief sich nicht in so eine wunderbare Versform bringen ließ wie die Weihnachtsgeschichte im Lukasevangelium. Nein,

[5] Vorletzter Sonntag des Kirchenjahres, Friedrichsthal und Schmachtenhagen, 17. 11. 2009.

Luther konnte sich auch für die ebenso anspruchsvollen theologischen Abhandlungen des Paulus begeistern. Der Jakobusbrief, der vermutlich nicht viel später geschrieben wurde als die Briefe des Paulus, gefiel ihm wegen seines Inhalts nicht. Der Kern des Evangeliums, Ihr erinnert Euch alle noch aus dem Konfirmandenunterricht, das war für Luther die Rechtfertigung des Menschen allein aus der Gnade. Der Mensch, so die Erkenntnis Luthers, konnte es sich nicht verdienen, dass Gott ihn annimmt, sondern dass sich Gott uns Menschen und jedem einzelnen von uns annimmt, das tut er aus freiem Willen. Wir verdanken es allein Gottes Gnade, dass er uns nahe sein will. Dies hatte Luther bei Paulus entdeckt.

Jakobus betont dagegen etwas anderes. Er betont, dass es auf unsere Taten ankommt. Ja sogar das Gesetz, etwas das doch eigentlich durch Christus überwunden ist, steht bei Jakobus in hohem Ansehen.

„Denn wenn jemand das ganze Gesetz hält und sündigt gegen ein einziges Gebot, der ist am ganzen Gesetz schuldig. Denn der gesagt hat: „Du sollst nicht ehebrechen“, der hat auch gesagt: „Du sollst nicht töten.“ Wenn du nun nicht die Ehe brichst, tötest aber, bist du ein Übertreter des Gesetzes. Redet so und handelt so wie Leute, die durchs Gesetz der Freiheit gerichtet werden sollen. Denn es wird ein unbarmherziges Gericht über den ergehen, der nicht Barmherzigkeit getan hat; Barmherzigkeit aber triumphiert über das Gericht“

Der Anlass für die Ermahnungen des Jakobus sind offensichtliche Ungleichbehandlungen in den Gemeinden. Da gibt es Reiche und Einflussreiche, die eine Vorzugsbehandlung in der Gemeinde genießen und andere, Arme, Fremde, die auch in der Gemeinde außen vor gelassen werden, die nicht beachtet werden, mit denen keiner spricht, die hinten sitzen müssen. Gegen solches Verhalten argumentiert Jakobus zum einen mit Motiven der Bergpredigt: „Hört zu, meine lieben Brüder! Hat nicht Gott erwählt die Armen in der Welt, die im Glauben reich sind und Erben des Reichs, das er verheißen hat denen, die ihn lieb haben?“

Sodann zitiert Jakobus eine Stelle, die sich auch im Lukasevangelium findet. Bei Lukas ist dieser Dialog Jesu mit den Schriftgelehrten in das Gleichnis vom barmherzigen Samariter eingebaut. Der Jude Jesus und ein jüdischer Schriftgelehrter sind sich ganz einig darüber, was man tun soll, um „das Ewige Leben zu erben“. Bei Lukas fängt die Geschichte bekanntlich so an (Lk. 10, 25-28): „Und siehe, da stand ein Schriftgelehrter auf, versuchte ihn und sprach: Meister, was muss ich tun, dass ich das ewige Leben ererbe? Er aber sprach zu ihm: Was steht im Gesetz geschrieben? Was liest du? Er antwortete und sprach: «Du sollst den Herrn, deinen Gott, lieben von ganzem Herzen, von ganzer Seele, von allen Kräften und von ganzem Gemüt, und deinen Nächsten wie dich selbst». (5. Mose 6,5; 3. Mose 19,18) Er aber sprach zu ihm: Du hast recht geantwortet; tu das, so wirst du leben.“

Im Jakobusbrief kommt nun die Stelle, an der Jakobus auf das Gesetz verweist. Luther hat das zwar treulich übersetzt, jedoch meinte er, dass dieser Brief eigentlich gar nicht ins Neue Testament gehöre, dass er nicht wirklich den Geist Christi verkörpert, eben weil in ihm die Werke, das Tun des Menschen so betont werden. Für uns, die wir nicht mehr in der Reformationszeit leben, ist dieser Streit kaum noch nachzuvollziehen. Merken wir nicht allenthalben, dass unsere innerliche Beziehung zu Gott viel mit dem zu tun hat, wie wir mit unseren Mitmenschen umgehen? Wenn in der Beziehung zu unserem Nächsten etwas nicht stimmt wenn wir ihm etwas schuldig bleiben, dann merken wir schnell, dass auch unser Verhältnis zu Gott darunter leidet. Genau dies ist der Zusammenhang von Gottes- und Nächstenliebe, den Jakobus vorhin angesprochen hat und über den sich Jesus und der Schriftgelehrte beim barmherzigen Samariter ganz einig waren.

Womit wir heute vielleicht viel mehr Schwierigkeiten haben als Luther, Jakobus oder Paulus es hatten, das ist die Rede von der Sünde: „wenn ihr aber die Person anseht, tut ihr Sünde und werdet überführt vom Gesetz als Übertreter“. Die Sünde ist ein Begriff, der für uns seine bedrohliche Gestalt zumeist verloren hat. Eine kleine Sünde zwischendurch? Das ist zumindest für diejenigen von uns, die auf ihre Linie achten müssen, ein Stück Schokolade – also nichts wirklich Bedrohliches.

Wir haben vor einiger Zeit einen Film gesehen, von dem manche von Euch bestimmt gehört oder ihn selbst gesehen haben. Ein schwedischer Film, der „Wie im Himmel“ heißt. Ein berühmter Dirigent erleidet einen Herzanfall, zieht sich daraufhin aus dem internationalen Musikgeschäft in das Dorf seiner Kindheit zurück und übernimmt dort die Leitung des Kirchenchores. Freilich bringt das Hereinbrechen eines solchen Exoten in die eingespielte Dorfgemeinschaft das ganze Gefüge durcheinander. Die grauen Mäuse bekommen Farbe und die bisherigen Autoritäten verlieren an Glanz. So wird auch der Pfarrer immer mehr angefragt. Vor allem von seiner Frau, innerlich aber wohl auch von sich selbst. Als er daraufhin seiner Frau vorwirft, dass ihre Verteidigung der Lust und Freude am Leben sündig sei, da entgegnet sie, die ganze Sünde sei nicht etwa eine Erfindung Gottes, sondern der Kirche, die damit die Menschen knechte und im Griff halte. Erst rede sie ihnen eine Sünde ein, um sie ihnen dann wieder zu vergeben. So mache sie die Menschen von sich abhängig. Ihre Anklage gipfelt darin, dass sie ihren Mann anbrüllt: Die Sünde gibt es gar nicht! Gott würde darüber nur lächeln, was ihr Mann als Sünde verteufelt. Ein sehenswerter Film, man kann ihn sich für einen Euro die Woche in unserer Oranienburger Bibliothek ausleihen.

Ich glaube, die schwedische Pfarrfrau bringt unsere Fragen an den Jakobusbrief eher auf den Punkt als die Anfragen, die Luther seinerzeit an Jakobus hatte. Die schwedische Pfarrfrau ist freilich nicht die erste, die diesen Vorwurf der Kirche macht, sondern prominente Religionskritiker wie Nietzsche und Feuerbach haben das schon vor ihr getan. Das nimmt dem Vorwurf aber nicht die Spitze, das Festhalten am Konzept der Sünde wirkt wie ein Anachronismus, wie das Festhalten an einem längst vergangenen Konzept, das nur noch unzeitgemäß ist.

In so einer Situation, in der ein Begriff sinnlos und unverständlich oder gar nur noch bedrohlich geworden zu sein scheint, da hilft es zuweilen, auf die diesem Begriff zugrunde liegenden Erfahrungen zurück zu schauen, die mit ihm einmal zum Ausdruck gebracht werden sollten. Es ist genau die Erfahrung, die wir vorhin schon einmal in Bezug auf den barmherzigen Samariter angesprochen hatten. Da, wo wir unserem Nächsten nicht gerecht geworden sind und wir es wissen, da wird es uns schwer nicht nur diesem Nächsten wieder gegenüber zu treten, sondern auch Gott können wir nicht mehr richtig in die Augen schauen. Da stimmt irgendetwas nicht. Nicht nur in der Beziehung zum Nächsten, sondern auch die Beziehung zu Gott nimmt Schaden, wenn wir versagen, da wo wir gebraucht würden, wenn wir schweigen, wo wir reden sollten, wenn wir stillhalten, wo wir handeln sollten, wenn wir weggehen, wo wir bleiben sollten, wenn wir schreien, wo wir zuhören sollten. Wir können das oft sehr genau spüren. Diese Erfahrung versuchten die ersten Christen im Begriff der Sünde zu bündeln. Die Sünde trennt uns von Gott – das hatten sie erfahren und das können wir heute noch erfahren. Bald haben christliche Theologen, unter ihnen der berühmte Augustinus, über eine Erbsünde nachgedacht, die den Menschen von seinem Sündenfall an begleitet. Im Mittelalter hat man dann versucht, alle möglichen Sünden aufzulisten und zu katalogisieren, sie nach ihrer Schwere zu ordnen und Bußen für sie zu überlegen, festzuschreiben. Man konnte mit den Sünden sogar Geld verdienen und prächtige Kirchen wie den Petersdom bauen, indem man Ablassbriefe verkaufte. Und hier kommt wieder Luther ins Spiel, der gegen den Ablass wetterte, die Sünde selbst jedoch nicht bestritt, vielmehr wusste, dass wir alle Sünder sind. Von so einem allgemeinen Sündenbewusstsein bleibt heute fast nur mehr der Schlager von Helga Hahnemann, dass wir alle kleinen Sünderlein sind. Und doch machen wir noch immer die Erfahrung, die die alten mit dem Begriff der Sünde auszudrücken versuchten. Da, wo wir unseren Mitmenschen etwas schuldig bleiben, wo wir an ihnen versagen, wo wir ihnen nicht gerecht werden, da nimmt die Beziehung zu ihnen schaden. Und nicht nur zu ihnen, sondern auch Gott ist für uns Christen immer mit dabei. Wir können ihn nicht außen vor lassen. Auch diese Beziehung zu Gott nimmt dabei Schaden. Manchmal ist der Schaden klein, die Sache bald von allen Beteiligten vergessen. Manchmal geht der Riss tiefer, manchmal lässt er sich nicht mehr kitten. Luther hat das Angebot Gottes neu entdeckt, dieser Trennung, der Sünde nicht das letzte Wort zu lassen. Gott will wieder mit uns anfangen, auch wenn wir lange von ihm getrennt waren. Er reicht uns die Hand. Und so glaube ich, dass die schwedische Pfarrfrau Recht und Unrecht zugleich hat. Recht hat sie wenn sie sagt, die Sünde gibt es nicht und damit eine Sündendrohung als Geschäft mit der Abhängigkeit von Menschen meint. Unrecht hat sie, wenn sie meinen sollte, es gäbe nichts mehr, das Menschen voneinander und von Gott trennt. Denn das erleben wir immer wieder, an uns selbst und an anderen. Sünde, und damit hat sie wieder Recht, ist nicht das Sexheftchen, das der Pastor im Film hinter seiner Bücherwand versteckt. Das Kriterium dafür nennt sie selbst, damit hat er niemandem geschadet. Sünde ist aber sehr wohl, wie er die Beziehungen von Menschen aufs Spiel setzt, wie er sie Eitelkeiten oder falsch verstandenen moralischen Wertvorstellungen opfert. In dem Film wird sehr einfühlsam geschildert, was die Folgen eben jener Beziehungsabbrüche sind. Nicht nur das Verhältnis zu den Menschen leidet darunter, sondern auch das Verhältnis zu Gott. Der Film zeigt aber auch, wie es Heilungen gibt. Wie Beziehungen neu entstehen; wie Trennendes überwunden wird. Die Sünde hat nicht das letzte Wort. Darin sind sich Jakobus und Luther ganz einig und darin lasst auch uns mit dem folgenden Lied einstimmen: EG353, 1-4 („Jesus nimmt die Sünder an").

Amen.

Geld– I (1.Mose 49,18)[6]

Text

Losung

HERR, ich warte auf dein Heil! (1.Mose 49,18)

Gott hat uns dazu bestimmt, das Heil zu erlangen durch unsern Herrn Jesus Christus. (1.Thessalonicher 5,9)

Predigt

„Die Ordnung der Dinge, in die sie sich als natürliche Wirklichkeiten einstellen, ruht auf der Voraussetzung, daß alle Mannigfaltigkeit ihrer Eigenschaften von einer Einheit des Wesens getragen werde: die Gleichheit vor dem Naturgesetz, [...] eine Gleichberechtigtheit aller. Allein bei näherem Hinsehen bedeutet dieser Begriff doch nur, daß die Erzeugnisse des Naturmechanismus als solche jenseits der Frage nach einem Rechte stehen: ihre unverbrüchliche Bestimmtheit gibt keiner Betonung Raum [...]. Mit dieser gleichgültigen Notwendigkeit, die das naturwissenschaftliche Bild der Dinge ausmacht, geben wir uns [...] nicht zufrieden. Sondern, unbekümmert um ihre Ordnung in jener Reihe, verleihen wir ihrem inneren Bilde eine andere, in der die Allgleichheit völlig durchbrochen ist, in der die höchste Erhebung des einen Punktes neben dem entschiedensten Herabdrücken des anderen steht, und deren tiefstes Wesen nicht die Einheit, sondern der Unterschied ist: die Rangierung nach Werten. Daß Gegenstände, Gedanken, Geschehnisse wertvoll sind, das ist aus ihrem bloß natürlichen Dasein und Inhalt niemals abzulesen; und ihre Ordnung, den Werten gemäß vollzogen, weicht von der natürlichen aufs weiteste ab."[7]

So schreibt es Georg Simmel in seiner „Philosophie des Geldes" im Jahr 1900.

Seine Idee ist, dass in der Natur die Dinge alle gleichermaßen wertvoll sind. Es gibt nicht wertvolleres und weniger wertvolles, sondern in ihrer Unterschiedlichkeit sind sie doch gleichwertig. Wir Menschen allerdings geben uns mit dieser Gleichwertigkeit nicht zufrieden, sondern gestehen den Dingen der Welt, auch den belebten, einen unterschiedlichen Wert zu. „Daß Gegenstände, Gedanken, Geschehnisse wertvoll sind, das ist aus ihrem bloß natürlichen Dasein und Inhalt niemals abzulesen." Den den Dingen zugebilligten Wert aber drücken wir im Geld aus. Georg Simmel war keineswegs der erste, der sich über die Bedeutung des Geldes Gedanken gemacht hat.

---

[6] Andacht zum 25. 5. 2009, Konsistorium der EKBO.

[7] Georg Simmel - Philosophie des Geldes (1900): http://www.textlog.de/548.html

Bei Aristoteles können wir z.B. schon Überlegungen lesen, die uns bis heute überzeugen.

Geld, meint Aristoteles, sei an den Tausch gebunden. Ohne Tausch gäbe es kein Geld. Weshalb aber tauschen Menschen etwas? Ein Arzt und ein Arzt – meint Aristoteles – ergäben noch keine Tauschgemeinschaft – wir müssen uns daran erinnern, dass die Medizin seinerzeit noch nicht so spezialisiert war wie heute, wo ein Urologe und eine Pneumatologin (gemeint ist nicht eine Fachfrau für den heiligen Geist) durchaus etwas zum Tauschen hätten, sondern ein Bauer und ein Arzt, das ermöglicht eine Tauschgemeinschaft. Die Voraussetzung für den Tausch ist demnach der Unterschied. Aber dieses Unterschiedliche muss irgendwie miteinander verglichen werden. Und hier tritt das Geld auf den Plan. Es kann nicht nur unterschiedliche Angebote miteinander ins Verhältnis setzen, was ja auch ohne das Geld noch ginge (zwei Warzenbesprechungen entsprechen einem Huhn), sondern es signalisiert darüber hinaus auch die Differenz zwischen den tauschwilligen Subjekten und kann diese Differenz sogar auch jenseits konkreter Angebote ausgleichen. Die Warzenbesprechung kann also auch dann eingetauscht werden, wenn man gerade kein Huhn zur Hand hat, oder der Arzt gerade keinen Platz für noch ein Huhn hat bzw. man nur eine Warze zu besprechen hat und ein halbes Huhn niemandem nützt, wenn man es auf die Eier abgesehen hat. Geld als universales Äquivalent war für die Alten also schon bekannt.

Karl Marx in seiner epochemachenden Analyse über das Kapital blieb in der Charakterisierung des Geldes über weite Strecken in diesen Spuren des Aristoteles. Auch er sieht das Geld lediglich als Vergleichswert der Waren, die freilich auch ohne Geld im Prinzip direkt tauschbar wären. Allerdings fügt er noch den Gedanken hinzu, dass alle Waren „vergegenständlichte menschliche Arbeit" und daher miteinander vergleichbar seien. Man kann Marx im Kapital so lesen, als komme der Wert einer Ware durch die Arbeit zustande, die in sie hineingesteckt wurde. Dieser Wert kann dann in Gold oder Silber ausgedrückt werden. Interessanterweise spricht Marx bei aller Einsicht, dass „der Preis der Waren (...), wie ihre Wertform überhaupt, eine von ihrer handgreiflichen Körperform unterschiedene rein ideelle oder vorgestellte Form" ist, dem Gold oder Silber doch einen irgendwie eigenständigen Wert zu. Während der Preis einer Ware das immanente Maß an Arbeitszeit ausdrückt, die in diese Ware hineingesteckt wurde, ist das Gold anscheinend unabhängig davon gedacht, wie viel

Arbeitszeit darin investiert wurde, Gold und Silber besitzen diesen Wert mit ihrem Gewicht.[8]

Eine solche Geldtheorie vermag uns angesichts exorbitanter Höhen von Gehältern und Abfindungen von Bankmanagern und Leitern von Automobilkonzernen nicht wirklich einleuchten. Sind diese Gelder tatsächlich Ausdruck der in sie gesteckten Arbeitskraft? Diese Theorie passt kaum noch zur globalisierten Welt, wo die Arbeiter auf den Bananenplantagen mit Hungerlöhnen abgespeist werden und amtlich beglaubigt kriminelle Postchefs weiter Bezüge in Millionenhöhe erhalten. Das mag alles rechtsstaatlich zugehen, aber das dies etwas mit der Arbeit zu tun hätte, welche die Betreffenden für ihre Produkte aufwenden, das ist kaum noch plausibel. Vielmehr scheint sich das Geld von irgendeinem Wert der Sachen ganz abgekoppelt zu haben. Grundstücke sind gestern noch sichere Millionen wert, heute sind es gefährliche Schrottpapiere die in Bad Banks endgelagert werden müssen, um nicht das ganze Finanzwesen in den Abgrund zu reißen.

Über zwanzig Jahre früher hatte Marx in den Ökonomisch-philosophischen Manuskripten von 1844 eine für unsere Zeit fast treffendere Theorie des Geldes vorgelegt.

„Das *Geld*, indem es die *Eigenschaft* besitzt, alles zu kaufen, indem es die *Eigenschaft* besitzt, alle Gegenstände sich anzueignen, ist also der *Gegenstand* im eminenten Besitz. Die Universalität seiner *Eigenschaft* ist die Allmacht seines Wesens; es gilt daher als allmächtiges Wesen ... Das Geld ist der *Kuppler* zwischen dem Bedürfnis und dem Gegenstand, zwischen dem Leben und dem Lebensmittel des Menschen. *Was* mir aber *mein* Leben vermittelt, das *vermittelt mir* auch das Dasein der andren Menschen für mich. Das ist für mich der *andre* Mensch“ (Karl Marx: Ökonomisch-philosophische Manuskripte. [Geld]).

Marx koppelt hier das Geld an einen Begriff, den wir sonst Gott vorbehalten. Allmacht. Weil Geld alles vermittelt, kann es zu allem werden. Es wird somit zum anderen Menschen, gar zu Gott.

Georg Simmel, einer der Begründer der Soziologie, folgt dieser frühen Spur von Marx um 1900 weiter. Sein eingangs zitierter Text aus seiner Philosophie des Geldes steht unter der Überschrift: „Wirklichkeit und Wert als gegeneinander selbständige Kategorien, durch die unsere Vorstellungsinhalte zu Weltbildern werden“ (1900). Wirklichkeit und Wert sind bereits für Simmel voneinander emanzipiert. Was wir als

[8] Karl Marx: Das Kapital. Kap, 3: Das Geld oder die Warenzirkulation, a) Mass der Werte.

den Wert einer Sache, eines Dings, einer Ware bezeichnen, hat demnach mit dieser Sache, dem Ding, der Wahre nicht unbedingt etwas zu tun.

Simmel entwickelt die These, dass das Geld immer mehr Einfluss auf die Gesellschaft, die Politik und das Individuum erhalte. Das ist historisch betrachtet nicht ohne Vorzüge. Die Verbreitung der Geldwirtschaft habe den Menschen u.a. die Überwindung des Feudalismus und die Entwicklung moderner Demokratien gebracht. Allerdings sei in der Moderne das Geld immer mehr zum Selbstzweck geworden. Sogar das Selbstwertgefühl des Menschen und seine Einstellungen zum Leben werden durch Geld bestimmt.

Letztlich folgt er dem frühen Marx mit seiner These, dass Geld Gott wird, indem es als absolutes Mittel zu einem absoluten Zweck werde.

Mittlerweile sind 100 Jahre und mehrere Wirtschaftskrisen vergangen. Nach meiner beschränkten Einsicht, hat die Macht des Geldes mittlerweile noch um ein Mehrfaches zugenommen, und paradoxer Weise ist das Geld selbst dabei unsichtbarer geworden. Die Umsätze an der Börse erreichen Summen, die seinerzeit vollständig undenkbar waren. Manche Geldgeschäfte wären zu Simmels Zeit gar nicht vorstellbar gewesen. Es gibt Optionsgeschäfte, die eigentlich nichts weiter darstellen – so habe ich mir das erklären lassen – als Wetten auf steigende oder fallende Kurse. Solche Wetten werden ganz seriös an den großen Börsen der Welt gehandelt.

Für Marx war das Geld noch an den Wert des Goldes gekoppelt. Augenfällig war diese Kopplung dadurch, dass das Gold seinem Metallwert lange Zeit entsprach. Nicht nur die preußischen Könige konnten ihr Tafelsilber bei Bedarf immer schnell und unkompliziert in Münzen umprägen – eine Erklärung, weshalb es heute in der Oranienburger Silberkammer so wenig Silber zu sehen gibt. Später musste der Staat das Gold nur hinterlegen und konnte so Papiergeld, als Äquivalent des Goldes billig drucken. Spätestens in den 20er und 30er Jahren des vorigen Jahrhunderts verabschiedete man sich auch von diesen Bürgschaften in Gold und nahm stattdessen die nationale Industrie als Bürge für den Wert des gedruckten Geldes. Statt der Geldscheine nahm man bald Schecks – Papier, auf das man Zahlen schrieb, die dann so viel wert waren wie Geld.

Wir Älteren unter uns erinnern uns noch an ein anderes Geld: unser Alu-Geld, das im Vergleich zum grundsoliden Westgeld so wenig wertig anmutete. „Wie findet man in Ostberlin eine Mark?“ fragten unsere Freunde aus Westdeutschland immer und machten dazu eine Bewegung mit der Hand zum Auge, als ob ihnen ein Groschen hineingeflogen sei. Wenn wir im Intershop bezahlen wollten, waren wir gezwungen, das schöne echte Westgeld in Forum-Schecks umzutauschen. Nachdem wir 1990 dann richtiges Westgeld hatten und damit ganz profane Dinge wie Milch und Butter kaufen sollten, statt es eins zu zehn zu tauschen oder Handwerker zu bestechen, sind wir heute längst zu Plastikgeld übergegangen. EC-Karten können auf unser Giro-Konto zugreifen. Mit Geldkarten können wir durch elektronische Impulse Geld auf einen kleinen Chip auf einer Plastikkarte aufladen und damit unsere Straßenbahnfahrkarten bezahlen. Oder wir nutzen Kreditkarten, bei denen es zumindest für eine Weile sogar ganz gleichgültig ist, ob wir überhaupt in der Lage sind einen Gegenwert der getätigten Ausgaben unserem Konto gut zu schreiben. Die Videothek und das Schwimmbad bezahlen wir dadurch, dass das angebliche Geld von der einen Plastikkarte auf die andere aufgeladen worden ist. Das Beeindruckende dabei ist das eingebaute Rabattsystem, wenn man nämlich 20,- € auflädt, werden 25,- € auf der Karte gutgeschrieben. Gegen diese virtuelle Welt des Geldes ist das Internet die reinste Reality, obschon wir unsere Kontoführung auch längst übers Internet tätigen.

Geld, das war der Sinn der ganzen Übung, existiert nur durch die Kraft des Glaubens. Ein Glaube, an einen von Menschen geschaffenen Gott, der nahezu allmächtig zu sein scheint. Vielleicht ist deshalb das Losungswort des heutigen Tages immer einmal wieder gut zu hören: „HERR, ich warte auf dein Heil!“ Das Heil, auf das wir warten liegt nicht im Geld. Solches wäre ein merkwürdiges Heil. Ein Heil, das sehr konjunkturabhängig ist. Wie wir gerade wieder einmal erinnert werden. Wir sind derzeit verunsichert, was die Dinge, die uns umgeben so wert sind. Es ist ein wenig so, wie mit dem Inflationsgeld, das ich als Kind im Schrank meiner Eltern fand. Ich war sehr beeindruckt, dass wir ja Millionäre, gar Milliardäre waren. Ich merkte recht wenig davon in unserer Lebensführung. Soviel Understatement hätte doch auch gar nicht Not getan. Auch die Hoffnung, dass es mal wieder in Kraft tritt, hat sich bislang nicht bestätigt. Nun reden vorausschauende Ökonomen schon wieder von der nächsten Inflation, weil die Staaten ihre Schulden gar nicht anders abbauen könnten, als übers Gelddrucken. Ich weiß von einem Kirchenkreis, der überlegt, wie er sein Geld in Sicherheit bringt vor dem drohenden Wertverlust. Die vermeintlich vorsichtige Entscheidung der Kreissynode, das Geld des Kirchenkreises nicht in Aktienfonds, sondern in klassischen Wertpapieren anzulegen, hat sich als Zockerei erwiesen, weil manche der so sicheren Wertpapiere, die von deutschen Banken ausgegeben wurden, von einer Bank namens Lehman-Brothers stammten.

Es ist richtig, dass wir uns als Gemeinden, Kirchenkreise und Konsistorium Gedanken machen um unser Geld. Wie gern würden wir ein paar mehr Religionslehrer einstellen und bezahlen können und doch müssen wir sehen was bezahlbar ist und Eltern abschreiben. Es ist richtig, dass wir als Kirche verantwortlich mit unseren Geldanlagen umgehen und hohe ethische Standards einhalten; es ist richtig, dass die Snacks in unserer Hauskantine fair gehandelt sind. Auch privat lebt es sich mit Geld deutlich besser als ohne, wir können Rio Reiser zustimmen, dass Geld nicht glücklich macht, aber die Nerven beruhigt. Bereits Simmel wusste, um die guten und heilsamen Möglichkeiten des Geldes. Und er ist nicht ganz pessimistisch, was die Möglichkeit des Menschen im Umgang mit dem Geld angeht. Der Mensch habe die Freiheit, nach Dimensionen zu streben, die mehr als Geld sind. Dies kann durch die Bildung solidarischer Gemeinschaften geschehen. Durch Handeln kann die Macht des Geldes, beispielsweise in der Kultur, eingeschränkt werden. Oder bei Künstlern, die nicht allein des Geldes wegen arbeiten, sondern um sich in ihrer Arbeit selbst zu verwirklichen. Unsere Tageslosung weist uns einen anderen Weg. In ihr dürfen wir in den Ruf Jakobs einstimmen „HERR, ich warte auf dein Heil!“ Der Lehrtext aus dem 1.Thessalonicherbrief erinnert uns daran, dass Jesus Christus diesen Weg zum Heil symbolisiert: „Gott hat uns dazu bestimmt, das Heil zu erlangen durch unsern Herrn Jesus Christus.“ Letztendlich können wir so befreit dem Pro-Ethik-Wahlspruch der sich selbst so nennenden Linken zustimmen: „Religion ist Freiwillig“ und können getrost erwidern: „Der Glaube ans Kapital auch“.

Amen.

Geld –II (Lk. 15, 1 - 3.11b – 32)[9]

Text
Lk. 15, 1 - 3.11b - 32

Predigt
Liebe Gemeinde,

wir müssen vom Geld reden!

Wir müssen vom Geld reden, wenn wir über diesen Predigttext reden wollen.

Freilich müssten wir nicht unbedingt vom „Geld“ reden. Es ist immer unangenehm, in der Kirche vom Geld zu sprechen. Die Kirche in unserer Zeit hat zum Geld – wenn überhaupt – doch ein sehr zwiespältiges Verhältnis. Ein besonderes Geschick im Umgang mit Geld lässt sich der Kirche und ihren Gemeinden – jedenfalls heutzutage – nicht uneingeschränkt nachsagen. Und vielleicht hat das eine Ursache auch in dem Gleichnis, das heute unser Predigttext ist. Ist dessen Pointe nicht eigentlich: ‚wir müssen nicht vom Geld reden, sondern von der vergebenden Liebe, die über die kleinliche Berechnung der Pfennigzähler hinweggeht’? Aber vielleicht müssen wir gerade deshalb vom Geld reden, damit wir wissen, worüber und warum der Vater hinweggeht.

Sie kennen das Gleichnis sicher alle in- und auswendig. Ich brauche es Ihnen nicht noch einmal nach zu erzählen. In den letzten Jahren haben wir uns angewöhnt, es nicht mehr wie früher, als das Gleichnis vom verlorenen Sohn zu bezeichnen, sondern als das Gleichnis von den zwei verlorenen Söhnen. Auf den ersten Blick ist dies paradox, denn nur der jüngere Sohn ist ja verloren – er fordert die Auszahlung des Erbteils ein und geht außer Haus. Der ältere Sohn aber – so wie es sich für den älteren Sohn in dieser Zeit gehört, bleibt daheim und bereitet sich darauf vor, eines Tages die elterliche Wirtschaft zu übernehmen. Wieso sollte er verloren sein? Sie wissen es natürlich längst, weshalb er verloren ist: Weil er vom Geld redet. Er betrachtet die Rückkehr des Bruders erst mal aus der rechnerischen Perspektive: Was kostet mich diese Rückkehr? Er redet vom Geld und ist damit seinem jüngeren Bruder, der ins Ausland gegangen war erstaunlich ähnlich, auch er hat bei seinem Weggang vom Geld geredet – der Geldmangel hat ihn zurückgetrieben und auch daheim hatte er sich eigentlich vorgenommen mit seinem Vater von Gelddingen zu reden.

[9] Nikolaikirche Oranienburg, 3. Sonntag nach Trinitatis, 12. 6. 2005.

Lassen Sie uns doch noch einmal kurz genauer sehen, wer in welcher Weise in der Geschichte, die Jesus erzählt, vom Geld spricht.

Da ist der jüngere Sohn eines anscheinend wohlhabenden Mannes. Aus irgendeinem Grunde hält es ihn nicht mehr zu Hause. Über die Gründe seines Weggangs wird nichts gesagt und deshalb sollen sie auch uns hier nicht zu Spekulationen verleiten. Jene unter uns, die selbst von ihren Eltern weggegangen oder der Kinder von den Eltern weggezogen sind, werden sich an die eigenen Gründe erinnert fühlen und auch daran, wie es ihnen ging mit dem Abnabelungsprozess. Der junge Mann jedenfalls will hinaus in die weite Welt; der Vater kann oder will ihn nicht halten. Ungewöhnlich erscheint uns, dass er sein Erbteil schon bei Lebzeiten der Eltern oder mindestens des Vaters einfordert. Der Vater gibt es ihm bereitwillig. Der Sohn investiert das Geld nicht erfolgversprechend im Ausland, sondern bringt es durch. Ob er wohl zu Hause den selbstverantworteten Umgang mit Geld nicht gelernt hat, bleibt eine offene Frage. Vielleicht wurde er kurz gehalten, so dass er es nun genießt, das Geld mit vollen Händen zum Fenster zu schmeißen? Die Reaktion des älteren Sohnes bei der Rückkehr scheint dafür zu sprechen, dass der Vater ein sehr sparsam kalkulierender Mann ist. Nie hat er seinem älteren Sohn und dessen Freunden zu einer Party auch nur einen Ziegenbock geschlachtet, wird später dessen Vorwurf sein. Ein weinig klingt der Vorwurf des Geizes darin und möglicherweise kompensiert der jüngere Bruder das, den Fittichen des Vaters entflogen, durch Verschwendungssucht? Und dann kommt zur Verschwendung noch das Unglück. Rezession und Wirtschaftskrise. Schlechte Stimmung in der Ökonomie. Nun, die Parallelen zu heute scheinen sich aufzudrängen. Aber die Not, die nun für den Jungen beginnt, hat mit der Not, die es heute gibt, nicht viel zu tun. Immerhin findet unser Sohn Arbeit. Aber was für eine Arbeit! Wenn heute manche davon reden, dass ein 1-€ Job entwürdigend sei, dann ist es das Schweinehüten für einen Juden umso mehr. Es ist die blanke Angst ums Verhungern, die es ihm egal sein lässt, worin die Beschäftigung nun eigentlich besteht. Und dann kommt hinzu, dass die Arbeit nicht einmal so bezahlt ist, dass er sich von ihr ernähren kann. Selbst die Schweine, die er hüten soll, beneidet er um ihr essen und darf doch nichts vom Schweinefutter nehmen. Seine Überlegung zur Rückkehr ist von der blanken Not diktiert. Er strebt gar nicht an, als Sohn wieder nach Hause zu kommen, sondern er will nur zurück zu den Zuständen, wo man von der eigenen Hände Arbeit überleben kann und das konnte man als Tagelöhner bei seinem Vater. Der einzige Bonus, den er sich erhofft ist, dass er als Tagelöhner bei seinem Vater eingestellt und nicht abgewiesen wird.

Und hier ist interessant, dass die Erwartungen der beiden Söhne deckungsgleich sind. Der jüngere Sohn erwartet gar nicht, als Sohn wieder in seines Vaters Haus aufgenommen zu werden. Der ältere Sohn hat genau die gleiche Erwartung. Mit der Auszahlung des Erbteils hat der Sohn seinen Teil gehabt, was will er nun noch? Vielleicht hat der ältere Sohn im Kopf auch schon überschlägig die Rechnung angestellt; wenn der Vater nun seinen Bruder wieder als Sohn begrüßt, dann erbt er vielleicht am Ende noch einmal die Hälfte des Gutes, obgleich er doch die Hälfte eigentlich schon ausgezahlt bekommen hatte. Er würde also in Wirklichkeit ¾ erben und der Sohn, der treu zu Hause geblieben ist, der die ganze Mühe hatte, der die Eltern unterstützte und eben da, wo der Partylärm schon aus dem Haus erschallt, müde und abgespannt von einem Arbeitstag auf dem Feld nach Hause kommt, er würde nur ¼ des Erbes bekommen. Eigentlich ist ja schon das Mastkalb, das zur Rückkehr des Bruders vom Vater geschlachtet worden war, von seinem Erbteil gewesen und er ist nicht einmal gefragt worden, weil er ja noch auf dem Feld gearbeitet hat, während die anderen schon in Partylaune waren.

Sie merken es, wir reden bereits vom Geld. Ebenso schlecht wie Kirche und Geld gehen wohl auch Familie und Geld zusammen. Geld scheint den Zusammenhalt in den Familien zu zerstören. Wenn jetzt Historiker unter uns wären, dann müssten die über eine solche These vermutlich lachen. Historisch gesehen ist vermutlich die Familie überhaupt die erste ökonomische Einheit. Als ökonomische Einheit ist sie vermutlich sogar noch älter als das Geld. Ja sogar das Wort „Ökonomie“ leitet sich von der Familie her. Wörtlich ist es das „Gesetz des Hauses“ – eben jedes einzelnen Hauses, das „haushalten“ muss. Im Begriff „Haushalten“, haben wir auch noch im Deutschen einen Anklang daran. Die Geschichte der Familie zu erzählen, das wäre mal eine Sache für einen spannenden Gemeindeabend. Lange Zeit zählten zur Familie des „ganzen Hauses“ z.B. eben alle, die unter dem Dach dieses Hauses lebten, inkl. Knechten und Mägden und nicht heiratsberechtigten Geschwistern. Heiratsberechtigt, das war man, wenn man das Kapital nachweisen konnte, um eine eigene Familie zu ernähren. Schon bei der Familiengründung spielte also das Geld die entscheidende Rolle und am Ende nicht weniger, wenn es darum ging auszuhandeln, zu welchen Bedingungen sich die Eltern aufs Altenteil zurückzogen und dem Ältesten die Bewirtschaftung des Hofes überließen und sich im Gegenzug die Versorgung fürs Alter zur Bedingung machten. Die Idee, dass in der Regel eine Liebesheirat am Anfang einer Familie steht, ist auch in Mitteleuropa eine nicht sehr alte Idee und in vielen Teilen der Welt kaum vorstellbar. Eine mit kühlem Kopf geschlossene arrangierte Ehe, in der sich die Beteiligten nicht völlig unsympathisch sind – das ist in weiten Teilen der Welt auch für die Betroffenen noch immer das Normalste der Welt und verspricht eine dauerhaftere Bindung als eine aus einer bald abflauenden Verliebtheit heraus geschlossenen Liebesheirat.

Ich will nun keineswegs für Zwangsehen werben, ich will nur zeigen, dass die Familie immer schon eine ökonomische Verantwortungsgemeinschaft war. In den letzten 15 Jahren ist uns das mit der Wiedereinführung des Bürgerlichen Gesetzbuches auch in unseren Breiten wieder erheblich deutlicher geworden. Nicht nur, dass Scheidungen nun erheblich teurer sind als sie es in der DDR waren, auch die die sich aus der Scheidung ergebenden Verantwortlichkeiten für den geschiedenen Ehepartner waren in der DDR unbekannt. Jede und jeder hatte früher für sich selbst zu sorgen und konnte es auch, weil es keine Arbeitslosigkeit gab. Aber wir müssen ja nicht mit dem Schlimmsten beginnen. Die Hinterbliebenenrente z.B. eine feine Sache, die sich aus der ökonomischen Verantwortungsgemeinschaft der bürgerlichen Idealfamilie des vorvorigen Jahrhunderts ergibt. Die Frau war für den Haushalt verantwortlich, während der Mann dafür außerhalb des Hauses das nötige Geld verdiente. Was im Positiven gilt, gilt aber auch im umgekehrten Falle und diese Fälle nehmen anscheinend zu. Die ökonomische Verantwortlichkeit der Familie füreinander betrifft die Eltern, die verpflichtet sind ihren Kindern das Studium zu finanzieren oder den Lebensunterhalt, falls sie keine Arbeit finden. Auch die Kinder werden für die Eltern in die Verantwortung genommen, wenn Pflege- oder Heimkosten zu begleichen sind und die Rente und die Pflegesätze nicht ausreichen. Die Pflege bei den Kindern wird oft schon lange nicht mehr nur aus gegenseitiger Zuneigung, sondern mindestens auch aus materiellen Überlegungen übernommen. Bei eigener Arbeitslosigkeit kann die Pflege der Eltern oder Schwiegereltern über den Pflegesatz das Familieneinkommen etwas aufbessern. Was macht aber die Schwester, die auch arbeitslos ist und auch die Mutter pflegen würde, aber die kleinere Wohnung hat oder weiter weg wohnt? Oder eben meint, dass die Mutter bei der Schwester nicht gut aufgehoben ist, sondern besser ins Heim gegeben würde? Ist das Motiv nun, dass Sie der Schwester den Pflegesatz nicht gönnt, oder tatsächlich meint, dass es im Heim die bessere Pflege gäbe? Wohl jeder von uns kennt irgendeinen solchen Fall. Der Staat zieht sich so weit es geht zurück und überlässt die ökonomische Verantwortung wieder mehr und mehr den Familien. Für den Staat ist dies die kostengünstigste Lösung. Ob es im Einzelfall immer die beste Lösung ist, das ist stark umstritten – nicht zuletzt in den Familien selbst. Noch gar nicht geredet haben wir vom Erben. Die Vermögenswerte, die in den nächsten Jahrzehnten in der Bundesrepublik vererbt werden, sind gigantisch. Kein Wunder, dass sich alle Parteien über die Erbschaftssteuer Gedanken machen. Dies ist anscheinend ein nie versiegender Geldquell. Auch wenn das Allermeiste davon nicht in unseren Breiten (Ostdeutschland) vererbt wird, so lohnt sich doch auch hier das erben wieder. Die Grundstückspreise sind zwar im Keller, aber immerhin ist Grund und Boden überhaupt wieder etwas wert und wenn Oma noch ein kleines Reihenhaus hat, so lässt sich da doch schon etwas rausschlagen. Natürlich spricht man auch davon nicht, wie von den Pflegesätzen und wie von der Heimunterbringung; am ehesten vielleicht noch von dem Taschengeld für die studierenden Kinder. All das zeigt, es wäre wohl nötig, in den Familien über Geld zu reden. Irgendwie meinen wir aber immer, das sei ehrenrührig. Und nicht zuletzt ist uns die Reaktion des Vaters im Gleichnis dabei das Vorbild: „Du solltest aber fröhlich und guten Mutes sein; denn dieser dein Bruder war tot und ist wieder lebendig geworden“. Nein, von Geld spricht man nicht, sondern freuen sollst Du Dich!

Liebe Gemeinde, sie wissen das vielleicht selber wie das ist, wenn Ihnen jemand sagt: „Du sollst fröhlich sein“, es wirkt nicht. Man kann nicht auf Befehl fröhlich sein, ebenso wenig wie man auf Befehl traurig sein kann. Gefühle kann man nicht befehlen. Man kann dann nur so tun, als sei man fröhlich oder traurig, aber das ist eigentlich noch schwieriger, weil dann zu dem Druck des nicht vorhandenen Gefühls noch das schlechte Gewissen kommt, dass man das Gefühl nicht hat. Wenn man das Gleichnis wörtlich übersetzt sagt der Vater nicht direkt: „Du solltest aber fröhlich sein“, sondern „Man sollte sich doch freuen und fröhlich sein“. So klingt es nicht so sehr wie eine Belehrung des älteren Sohnes, sondern eher wie eine Rechtfertigung des Vaters. Man könnte sagen, wie ein Werben um sein Einverständnis: ‚Versteh doch meine Freude. Sie ist jetzt erst mal da, weil mein Sohn und Dein Bruder wieder da ist’. Man könnte anfügen: „ich verstehe auch Deine Bedenken. Wir müssen unbedingt darüber reden, wie wir das nun alles machen mit der Vermögensaufteilung“ aber lass uns jetzt mal feiern, wir werden schon eine Lösung finden. Aber schon da geht er auch auf die materiellen Bedenken des ältesten Sohnes ein: „Kind Du bist allezeit bei mir, und alles Meine gehört dir.“ Das sind auch nicht nur materielle Einwände, die der ältere Sohn hier geäußert hat, sondern diese materiellen Zuwendungen sind für ihn Zeichen der liebevollen Zuwendung des Vaters. Und der Vater gibt ihm darin Recht, sagt ihm aber, dass auch er diese, auch materielle Zuwendung erfahren hat, das sie nur eben immer da war und deshalb nicht so sichtbar ist, wie in diesem Freudenfest. Der Vater versteht auch seinen älteren Sohn. Er gibt ihm in vielem Recht. Er beruhigt ihn in gewisser Weise. Und es hat bei genauem Hinsehen nicht den Eindruck, dass das Thema „Liebe“ und Zuneigung das Thema „Geld“ ganz verdrängt. Wenn das passiert, dann brodelt es im Untergrund weiter. Die Liebe wird nicht unbedingt durch das Geld vergiftet. Das sagt das Gleichnis nicht, sondern durch den Umgang damit, nämlich durch das Schweigen darüber. So etwas rächt sich. Viele von uns kennen ein Familienklima, wo nicht über Geld gesprochen wird und dennoch untergründig Geld immer Thema ist.

Auch in der Kirche zählen doch so andere Werte, dass wir hier von Geld nicht gern sprechen und doch ist es dann untergründig Thema. Das macht die Behandlung des Themas nicht besser und das verbessert auch nicht das Klima in der Kirche oder der Familie; von betriebswirtschaftlichen Erfolgen soll dabei noch gar nicht die Rede sein. Der Vater im Gleichnis macht etwas anderes. Anscheinend war er ein Mensch, der sehr genau rechnen konnte und keineswegs verschwenderisch mit seinen Ressourcen umging. Seine Familie war dabei, sich beim Streit um Geld zu entzweien. Einmal als der jüngste Sohn wegging und ein zweites Mal als er wiederkam. Dabei rufen wir uns in Erinnerung zurück, dass der eine gar nicht als Sohn zurück wollte, sondern dies Recht verwirkt sah und als Tagelöhner anfangen wollte. Der andere sah seine Sohnschaft bedroht, weil der Vater nie für ihn was springen ließ. Dem einen Sohn setzt der Vater die Insignien der Sohnschaft wieder auf: Gewand, Schuhe und Ring; dem anderen Sohn beteuert er, „du bist allezeit bei mir, und alles Meine gehört dir“. Er versteht die Bedenken seiner Söhne, die auch materielle Bedenken sind. Gerade deshalb besteht die Chance, dass der andere Sohn sich auch freut, dass die Familie diese Krise übersteht. Denn eines ist ganz klar: die Familie ist für diesen Vater mehr als nur eine ökonomische Organisation. Das Gleichnis zeigt, dass auch schon vor 2000 Jahren die Familie mehr als nur Ökonomie war, denn sonst hätte es ja nicht das Einverständnis seiner Hörer erzielt. Und gerade weil Familie mehr ist als Ökonomie, darum müssen wir vom Geld reden, um das mehr nicht zu zerstören und weil Kirche mehr ist als Ökonomie, darum müssen wir auch hier vom Geld reden, um das zu sichern, worum es uns geht.

Amen.

Beten (1. Tim. 2, 1-6a) [10]

Text

1 So ermahne ich nun, dass man vor allen Dingen tue Bitte, Gebet, Fürbitte und Danksagung für alle Menschen,

2 für die Könige und für alle Obrigkeit, damit wir ein ruhiges und stilles Leben führen können in aller Frömmigkeit und Ehrbarkeit.

3 Dies ist gut und wohlgefällig vor Gott, unserm Heiland,

4 welcher will, dass allen Menschen geholfen werde und sie zur Erkenntnis der Wahrheit kommen.

5 Denn es ist „ein" Gott und „ein" Mittler zwischen Gott und den Menschen, nämlich der Mensch Christus Jesus,

6 der sich selbst gegeben hat für alle zur Erlösung.

Predigt

Ihr Lieben,

der Timotheusbrief ist einer der sogenannten Pastoralbriefe, also Hirtenbriefe. Alle drei Hirtenbriefe im Neuen Testament richten sich an Einzelpersonen, an Gemeindeleiter. So einer war auch Timotheus. Der Brief wird zwar unter dem Namen des Paulus veröffentlicht, Paulus selbst hat ihn aber nicht geschrieben, sondern er ist mit deutlichem zeitlichem Abstand zu Paulus verfasst worden. Wie in der Antike durchaus üblich, leiht man sich aber die Autorität des großen Namens um dem eigenen Wort mehr Gewicht zu verleihen und tritt als Autor dahinter selbst ganz zurück. In gewisser Weise das umgekehrte Verfahren zu heutigen Plagiaten, wo man die Werke anderer als die eigenen ausgibt.

Ein wenig merkt man, dass der Brief jünger sein muss als Paulus auch in unserem kurzen Ausschnitt. Wenn dort steht: „So ermahne ich nun, dass man vor allen Dingen tue Bitte, Gebet, Fürbitte und Danksagung für alle Menschen, für die Könige und für alle Obrigkeit, damit wir ein ruhiges und stilles Leben führen können in aller Frömmigkeit und Ehrbarkeit", dann wird deutlich, die unmittelbare Naherwartung der allerersten Christenheit ist schon gewichen. Man hat sich eingerichtet in dieser Welt. Timotheus und seine Gemeinde soll vor allen Dingen beten, „für die Könige und für

[10] Gottesdienst, Lehnitz, Rogate 09. 05. 2010.

alle Obrigkeit, damit wir ein ruhiges und stilles Leben führen können in aller Frömmigkeit und Ehrbarkeit".

Damit sind wir auch schon mitten im Thema, denn der heutige Sonntag heißt „Rogate" was nichts anderes als „betet" bedeutet.

Beten, das scheint manchmal ganz schön weit weg zu sein aus unserem Leben. 1980 erschien in der Reihe Theologische Information für Nichttheologen das Buch zum Thema Beten von Hans Jürgen Schulz.[11] Er fängt sein Büchlein an mit einer Bestandserhebung, die er „Verlustanzeigen und Fundstellen" nennt. Ich trage Euch diese Anstriche hier einmal vor, weil sie mir noch immer ein breites Spektrum von Meinungen zum Beten wiederzugeben scheinen:

„- Ich bete selten. Ein dummes Gefühl oder ein schlechtes Gewissen habe ich deswegen nicht. Ich singe öfter, als ich bete. Im Gottesdienst, mit den anderen zusammen, kann ich beten. Nur ärgern mich oft die Gebetstexte. Viele gefallen mir nicht. Sie sind verschwommen oder altmodisch. Da bin ich froh, wenn das Vaterunser kommt. Bei einem Pfarrer habe ich eine Sammlung alter Gebetbücher stehen sehen. Für jede Lebenslage sind da vorgedruckte Gebete drin. Ich habe gestaunt. Haben die Menschen früher mehr Zeit zum Beten gehabt als wir? Oder haben sie sich die Zeit genommen?

- Seit meiner Kinderzeit habe ich mir Gott als einen allmächtigen Vater und Helfer vorstellen können. Ich konnte und ich kann mich mit allen Fragen und auch Problemen an ihn wenden. Ich vertraue darauf, dass er mir hilft. Und irgendwie merke ich auch immer, dass er das tut.

- Für mich ist Beten nicht als ein direktes Gespräch mit Gott möglich. Ich kann mir Gott einfach nicht als eine zuhörende Person vorstellen, die helfende Antworten gibt. Für mich ist Gott - wenn es ihn überhaupt gibt - mehr eine Kraft, die wir dringend brauchen. Eine Kraft zu lieben, geduldig, freundlich und menschlich zu sein. Und Beten ist deswegen für mich eine Besinnung, eine Suche nach dieser Kraft.

- Ich bin glücklich darüber, mit dem mir nächsten Menschen zusammen beten zu können.

- In meinem Elternhaus waren Tischgebete üblich. Vor jeder Mahlzeit mussten wir Kinder beten. Das war eine öde Routine. Meine Frau und ich haben uns geeinigt, mit so etwas bei unseren Kindern gar nicht erst anzufangen. Aber jetzt sind wir doch beim

[11] Schulz, Hans-Jürgen: Im Blickpunkt: Beten. Berlin 1980.

Überlegen: Irgendwann im Lauf des Tages würde eine kleine Unterbrechung, eine kurze Besinnung, ein ausgesprochener Dank oder etwas Ähnliches gut sein. Manchmal fällt uns etwas ein. Wir haben nur nicht genug Phantasie.

- Bitten und Wünsche sind für mich als Rentnerin nicht mehr so wichtig. Ich übe mich jetzt im Danken. Und dabei merke ich, dass das Beten mir in jedem Lebensabschnitt etwas anderes bedeutet hat. Ein paar Jahre lang hatte ich es fast völlig vergessen. Aber es kam wieder.

- Als Kind habe ich beten gelernt. Aber dann kam ich in den Wahnsinnskrieg. Von A bis Z habe ich ihn mitgemacht. Und da habe ich einfach zu viel gesehen. Und keiner half. Das lief alles wie eine Dampfwalze über uns weg. Seitdem ist Schluß für mich mit dem Beten. Als ich nach dem Krieg erfuhr, was in den KZs passiert war, vor allem mit den Kindern da war es endgültig aus. Lasst mich in Ruhe. Ich versuche, einigermaßen anständig zu leben. Mehr ist nicht drin."

Gerade die letzte Äußerung, „ich versuche einigermaßen anständig zu leben", erinnert wieder sehr an unseren Predigttext, der auffordert für die Oberen zu beten, „damit wir ein ruhiges und stilles Leben führen können in aller Frömmigkeit und Ehrbarkeit". Das ruhige und anständige Leben kann man anscheinend führen, mit und ohne Beten.

Wie kommen wir dann eigentlich zum Beten?

„Die Not lehrt beten", meint das Sprichwort. Was steht hinter diesem Sprichwort eigentlich für eine Auffassung vom Gebet? Da ist eine Situation, die als Not erfahren wird. Vermutlich als solche Not, die wir allein nicht wenden können. Wenn man sich selbst noch am Schopf aus dem Sumpf ziehen kann, dann braucht es das Gebet nicht. Das Gebet braucht es dann, wenn sonst nichts mehr hilft. Dann kann nur noch Gott helfen. Die Not zwingt zum Beten.

Karl Barth der große Theologe hat gemeint, dass dies ein Irrglaube sei. Nicht nur, weil in der Not längst nicht alle beten, sondern auch, weil die Grundeigenschaft des Gebets damit verfehlt wird. Das Gebet, meint Karl Barth, ist ein Akt der Freiheit. Man kann zum Gebet nicht gezwungen werden, nicht durch andere Menschen, nicht durch äußere Not, nicht einmal durch Gott. Das Gebet ist Gespräch mit Gott und als solches freiwillig. Weil Gott seine Menschen als freie Gegenüber geschaffen hat, deshalb können wir beten. Nicht weil wir seine Sklaven oder die Sklaven der Naturgewalten sind. Nicht die Not lehrt beten, sondern die Erfahrung des Gottes, der sich mir zuwendet.

Beten lehrt die Erfahrung, dass Gott selbst mein Gebet hört. Dass das Beten kein Wunscherfüllungsautomat ist, das wussten schon die Alten. Angelus Silesius formuliert es 1657 so:

„Begehrst du was mit Gott,
ich sage klar und frei, (wie heilig du auch bist)
dass es dein Abgott sei.
Wenn du an Gott gedenkst,
so hörst du Gott in dir,
schwiegst du und wärest still,
er red'te für und für."

Das Gebet rechnet also mit der Erfahrung von Gottes Antwort. Und wie jedes gute Gespräch ist es ein gutes Gespräch nur dann, wenn man die Antwort nicht sich auch selbst geben könnte, sie nicht schon von Vornherein weiß, sondern wenn einen das Gespräch selbst auf neue Pfade führt, uns neue Möglichkeiten erschließt.

Wenn Gebet aber so eine Art von Gespräch ist, ein Gespräch, das neue Wege öffnet, tröstet und verzeiht, dann wird uns auch etwas über den Charakter unseres Gesprächspartners deutlich. Ein solches Gespräch können wir nicht mit einem Menschen führen, der ohnehin immer schon alles weiß, der selbstsicher ist wie ein Felsblock und an dem alles abprallt, was wir ihm vorbringen. Ein solches Gespräch braucht ein Gegenüber, dass sich auf uns einlässt, das sich bewegen lässt in dem Gespräch. Karl Barth sagt es so: „Die Zwangsvorstellung von der Unveränderlichkeit Gottes ist Unfug". Denn wenn Gott ewig unveränderlich wäre, dann wäre eben ein veränderndes Gebet gar nicht möglich. „Gott will vielmehr dem Bitten seines Geschöpfes Raum geben … an seiner Seite", schreibt er.

Das sehen wir im „Vater unser" am deutlichsten. In unserem Predigttext heißt es: „Denn es ist „ein" Gott und „ein" Mittler zwischen Gott und den Menschen, nämlich der Mensch Christus Jesus". Jesus, den wir als den Sohn Gottes glauben, hat uns gezeigt, was es mit dem Beten auf sich hat. Er hat es nicht neu erfunden. Er steht in einer alten Tradition des Betens, die wir z.B. aus den Psalmen kennen, mit Klage, Anklage, Trauer, aber auch Freude und Dank, das alles können wir Gott mitteilen und mit Gott teilen. Und jede Mitteilung verändert unsere Beziehung zu Gott. Gott will diese Mitteilung, ja er braucht sie wie wir sie brauchen. Ohne diesen Draht zu Gott würden sich beide Verfehlen. Denn Gott will seine Menschen und will sie als freie Gegenüber. Und wir Menschen verrennen uns schnell, rennen Abgöttern hinterher, wie

Silesius sagt, wenn wir uns nicht aufs Gebet, auf den Austausch mit Gott einlassen, auf ihn hören und ihm uns mitteilen.

Diesen Doppelcharakter des Gebets, die doppelte Angewiesenheit die im Gebet steckt, hat für mich niemand stärker zum Ausdruck gebracht, als Rainer Maria Rilke in seinem Stundenbuch:

Du, Nachbar Gott, wenn ich dich manchesmal
in langer Nacht mit hartem Klopfen störe,-
so ists, weil ich dich selten atmen höre
und weiß: Du bist allein im Saal.
Und wenn du etwas brauchst, ist keiner da,
um deinem Tasten einen Trank zu reichen:
Ich horche immer. Gieb ein kleines Zeichen.
Ich bin ganz nah.

Nur eine schmale Wand ist zwischen uns,
durch Zufall; denn es könnte sein:
ein Rufen deines oder meines Munds –
und sie bricht ein
ganz ohne Lärm und Laut.
Aus deinen Bildern ist sie aufgebaut.

Und deine Bilder stehn vor dir wie Namen.
Und wenn einmal das Licht in mir entbrennt,
mit welchem meine Tiefe dich erkennt,
vergeudet sichs als Glanz auf ihren Rahmen.

Und meine Sinne, welche schnell erlahmen,
sind ohne Heimat und von dir getrennt.

Amen.

Glauben, Versprechen und Scheitern – Die Verleugnung des Petrus (Lk. 22, 31-34)[12]

Text

31 Simon, Simon, siehe, der Satan hat begehrt, euch zu sieben wie den Weizen.

32 Ich aber habe für dich gebeten, daß dein Glaube nicht aufhöre. Und wenn du dereinst dich bekehrst, so stärke deine Brüder.

33 Er aber sprach zu ihm: Herr, ich bin bereit, mit dir ins Gefängnis und in den Tod zu gehen.

34 Er aber sprach: Petrus, ich sage dir: Der Hahn wird heute nicht krähen, ehe du dreimal geleugnet hast, daß du mich kennst.

Predigt

Ihr Lieben,

am Anfang der Fastenzeit bietet uns der Predigttext – auch für die Nichtraucher unter uns - reichlich starken Tobak. „Simon, Simon, siehe, der Satan hat begehrt, euch zu sieben wie den Weizen" – das wird ja nicht irgendwem gesagt, sondern Simon, dem Fischer, dem Menschenfischer, dem Treuesten unter den Jüngern.

Wie siebt man denn den Weizen? Als jemand, der mit Landwirtschaft nichts zu tun hat, stelle ich es mir so vor: Da sind die guten Weizenkörner, die fallen durch das Sieb und dann bleiben Steine und Unrat im Sieb zurück. Vielleicht wurde das auch andersherum gemacht, die guten Weizenkörner blieben im Sieb zurück und die Spreu fiel durch das Sieb. In jedem Fall ist deutlich, die Spreu wird vom Weizen getrennt. Der Satan selbst übernimmt diese Aufgabe. Kein Menschenfreund ist es, dieser Satan. Wo er siebt, was bleibt da noch an Weizen übrig? Wir fragen uns das ja ganz unwillkürlich selbst. Wann werden wir gesiebt? Wann haben wir versagt? Wann sind wir unserer Verantwortung nicht gerecht geworden, wann sind wir unseren Nächsten nicht gerecht geworden? Wann sind wir unseren Fernsten nicht gerecht geworden? Wann sind wir Gottes guter Schöpfung nicht gerecht geworden? Es wird so kommen, wir werden immer wieder gesiebt werden. Welche Möglichkeit gibt es, dem zu entrinnen? Wer viel tut, macht viele Fehler, wer wenig tut, macht wenig Fehler. Es soll Leute geben, die gar keine Fehler machen, sagt das Sprichwort. Aber wenn wir nichts tun, unsere Talente vergraben, dann werden wir wohl gerade gesiebt und aussortiert

[12] Oranienburg/Eden, 25. 2. 2007.

werden. Nein, das Sieben des Satans wird nicht heiter werden. Wo er siebt, wird nicht viel Weizen bleiben.

32 Ich aber habe für dich gebeten, daß dein Glaube nicht aufhöre.

Woran kann der Glaube zerbrechen? An Enttäuschung? An enttäuschten Hoffnungen? Das mag schon sein, aber ist doch ein merkwürdiger Glaube, der sich an die Erfüllung von bestimmten Hoffnungen klammern wollte. Viel mehr stimmt doch das, was Martin Luther King sagte: „Glaube, das ist der Umgang mit enttäuschten Hoffnungen". Ein Glauben, bei dem alle Hoffnungen sich erfüllen ist keine Kunst. Wer sollte da nicht glauben? Nein, beim Glauben wird es immer auch darum gehen, dass manche Hoffnungen sich nicht erfüllen. Das gehört zum Glauben dazu und das kann ihn reicher, tiefer machen. Ein Glauben, der durch die Tiefen enttäuschter Hoffnungen hindurch getragen hat.

Verrat? Kann es Verrat sein, der den Glauben zum Aufhören bringt? Ich weiß nicht, wer von Euch den Film „Jeder schweigt von etwas anderem" kennt. Ein Dokumentarfilm von zwei jungen Filmemachern. Darin werden die Geschichten von drei Familien erzählt. Die Eltern sind in der DDR eingesperrt worden, die Kinder wurden ihnen weggenommen. Später wurden sie vom Westen freigekauft. Tine und Matthias Storck waren ein junges Paar aus Berlin, die in Greifswald studierten. Er Theologie, sie Zahnmedizin. Weil ihnen ein Fluchtangebot zugespielt wurde, wurden sie zu 2 Jahren und 8 Monaten Gefängnis verurteilt. Dabei hatten sie das Fluchtangebot nie angenommen, sie hatten aber auch denjenigen, der es ihnen übermittelt hatte nicht angezeigt, sondern noch im Prozess zu decken versucht. Das war Pfarrer Rudolf aus Herzberg. Ein ganz oppositioneller DDR-Pfarrer. Nachdem sie freigekauft worden waren, nach über 14 Monaten Haft, wurde Matthias Storck im Westen Pfarrer. Nach der Wende kam heraus, dass Pfarrer Rudolf ein IM war. Er hatte aber nicht nur sie und andere bespitzelt, sondern sie bewusst in eine Falle gelockt. Die Stasi hatte ihm diese Fluchtmöglichkeit zugesteckt, war über alles informiert und andere, die diese vermeintliche Chance wahrnahmen, wurden in Polen verhaftet. Pfarrer Rudolf hatte sie alle ans Messer geliefert. Matthias Storck beschreibt in seinen Büchern sehr eindringlich, wie ihm ein Pfeiler der Welt einstürzte. Wie ihm sein Glauben ins Wanken kam. Und doch der Glaube hielt stand. Sicher, es war nicht mehr der gleiche Glaube. Unser Glauben verändert sich auch, wie wir uns selbst verändern. Wie sollte das auch nicht sein? Was uns im Umgang mit unseren Nächsten bewegt, das bewegt uns auch im Umgang mit Gott, denn genauso will er ja unter uns sein, in unseren Nächsten. Glaube verändert sich, aber er kann sogar den Verrat überstehen.

Vielleicht ist es die schwerste Prüfung für den Glauben, wenn wir uns in uns selbst täuschen. Wenn wir merken, wir können uns selbst nicht mehr sicher sein. Und das nicht in peripheren Angelegenheiten, in Randerscheinungen und Unwichtigem („Adiaphora"), sondern in dem, was uns unbedingt angeht. Wenn wir merken, wir können uns selbst nicht trauen, wir sind von uns selbst enttäuscht, wir haben nicht nur andere, sondern uns selbst verraten. Beim Verrat an jemand anderem besteht ja immerhin noch die Chance der Vergebung. Beim Verrat an uns selbst, wer sollte uns vergeben? Wir selbst? Hier kann er schon aufhören, der Glaube. Was hat noch Bestand, wenn wir nicht einmal mehr uns selbst trauen können?

32 „Ich aber habe für dich gebeten, daß dein Glaube nicht aufhöre." Sagt Jesus zu Simon. Und was wir alle wissen, dass der Glaube kein Verdienst ist, dass er ein Geschenk von Gottes Gnade ist, dass wir uns ihn nicht verdienen können, dass wir nicht stolz sein können auf unseren Glauben, weil er nichts ist, was man erwirbt. Diese Wiederentdeckung Luthers, die uns als guten Evangelischen immer flott von der Zunge geht, in diesem Satz können wir seine ganze Bedeutung spüren: „Ich aber habe für dich gebeten, dass dein Glaube nicht aufhöre." Jesus bittet, betet für Simon, er betet, dass sein Glaube nicht aufhören möge. Wie leicht könnte es sein, dass der Glaube aufhört nach diesem Sieben des Satans, das uns jederzeit treffen kann; nach dieser Enttäuschung, nach diesem Verrat an Jesus und an sich selbst. Jesus befiehlt nicht zu glauben. Er teilt den Glauben nicht zu aber er bittet und er betet um den Glauben; er betet, dass der Glauben des Simon auch nach all dem nicht aufhöre. Es ist ein Geschenk, eine Gabe, eine Gnade, der Glaube. Jesus erbittet ihn für uns.

„32 Und wenn du dereinst dich bekehrst, so stärke deine Brüder."

Es muss wie eine Frechheit in den Ohren des Simon geklungen haben. Er hatte doch schon seinen neuen Beinahmen, „Petrus" – der Fels. Er war der Fels. Hatte er sich nicht immer als der erste, der treueste unter den Jüngern erwiesen? Die anderen erkannten ihn an. Er war der zweite Mann der uneingeschränkt zu Jesus stand, der als erster aussprach, was Jesus für einer sei. Dass er der verheißene Messias selbst sei. Er sollte sich dereinst bekehren? Das hieß doch, er ist jetzt noch nicht bekehrt! Ein ungläubiger, ein unwissender, ein nichts. Was wollte Jesus damit andeuten – eine Frechheit!

„So stärke deine Brüder." Nach der Beleidigung dann nun wieder dies. Wer soll das verstehen, ein Wechselbad der Gefühle. Und tat er das denn nicht bereits jetzt? Seine

Geschwister stärken? Keine Frage wie Petrus reagiert. Der Ernst der Lage ist Petrus sehr bewusst. Der Verrat des Judas ist bereits geschehen. Das letzte Abendmahl ist schon gefeiert. Es ist die Zeit der letzten Gespräche Jesu mit den Jüngern. Sie alle zeugen von Abschied, Ende, ja vom Tod.

Simon ist kein Feigling. Keiner, der jetzt noch schnell die Kurve kratzt, da der Stern von Jesus so rapide sinkt. Er lässt ihn nicht im Stich. Auch nicht im Gefängnis und im Tod. Simon ist Petrus, der Fels. Auf ihn kann Jesus bauen. Auf ihn kann er sich verlassen. Er weiß, was gespielt wird. Ihm muss man nichts vormachen und er wird bis zum Ende dabei sein. Das ist er Jesus schuldig, das ist er sich selbst schuldig. „33 Er aber sprach zu ihm: Herr, ich bin bereit, mit dir ins Gefängnis und in den Tod zu gehen.“

Petrus brüstet sich nicht. Sicher, Jesus hat ihn provoziert, hat seine Treue in Frage gestellt. Aber da kann er die Hand für sich ins Feuer legen. – Wo können wir die Hand für uns ins Feuer legen?

„34 Er aber sprach: Petrus, ich sage dir: Der Hahn wird heute nicht krähen, ehe du dreimal geleugnet hast, daß du mich kennst.“

Es schwingt kein Vorwurf mit in diesem Satz. Es ist eine Feststellung. Eine sachliche Feststellung. Kein Vorwurf, keine Anklage, kein Wutausbruch. Es wird so sein – du wirst mich verraten. Du, der Du mit mir ins Gefängnis, gar in den Tod gehen willst, Du wirst mich verraten. Du wirst ableugnen, mich zu kennen.

Nicht einmal Enttäuschung mischt sich in diesen Satz. Enttäuschung ist dann später in Gethsemane, als die Jünger schlafen, wo sie doch ein letztes Mal mit und bei ihm beten sollten. „Der Hahn wird heute nicht krähen, ehe du dreimal geleugnet hast, daß du mich kennst.“ Und nicht nur, dass kein Vorwurf darin ist. Während er ihn am Anfang mit „Simon“ ansprach, sagt er nun „Petrus“ zu ihm. Petrus, der Fels. Man kann dies ja unterschiedlich lesen. Man kann es wie die blanke Ironie lesen: „Petrus, ich sage dir: Der Hahn wird heute nicht krähen, ehe du dreimal geleugnet hast, daß du mich kennst.“ Ich glaube nicht, dass Jesus dies ironisch sagte. Er weiß, was er sagt. Er wählt seine Worte bewusst. Gerade dieser Simon, der ihn verrät, der sich selbst verrät, dem alles wegbrechen müsste, der nichts mehr hat, woran er sich halten könnte, sein Zutraun zu sich selbst, es wird zerbröseln beim Hahnenkrähen. Sein Vertrauen zu Jesus – ihn hat er doch verraten. Er hat ihn verraten, obwohl er ihm das Gegenteil versprochen hat. Und genau zu diesem Simon sagt Jesus: „Petrus“. Dieser Simon ist sein Petrus.

Amen.

Gebet

Guter Gott!

Du enthüllst die Wahrheit – aber Du stellst nicht bloß.

Du weißt, wer ich bin und zeigst es mir.

Du gibst Dich keinen Illusionen über mich hin und gibst mir Dein Zutraun.

Du weißt um meine Schwäche und mein Versagen und bleibst mir treu.

Du erleidest meinen Verrat an Dir, ein Verrat, den ich mir selbst nicht zugetraut hätte und hältst zu mir.

Guter Gott, bitte Du für uns, dass unser Glaube nicht aufhöre. Amen.

Licht – Aufklärung – Pogromnacht (Jes. 9,1)[13]

Text

Herrnhuter Losung des 9.11.2009

Das Volk, das im Finstern wandelt, sieht ein großes Licht, und über denen, die da wohnen im finstern Lande, scheint es hell. (Jesaja 9,1)

Paulus schreibt: Ihr alle seid Kinder des Lichtes und Kinder des Tages. (1.Thessalonicher 5,5)

Auslegung

Liebe Geschwister,

Licht ist eine wunderbare Metapher. Dem Licht kommt schon in den frühesten menschlichen Zeugnissen etwas Göttliches zu. Für die Menschen im alten Orient waren die lichtspendenden Gestirne Götter, die ihr Leben bestimmten. Die Schöpfungserzählungen des Alten Testaments gehen gegen solche Gottesbilder vor, sie klären über sie auf und künden von dem einen Gott, der der Schöpfer allen Lichts ist. Als Metapher bleibt das Licht der religiösen Sprache im Alten und Neuen Testament erhalten, auch wenn die Lichter der Sache nach entzaubert, entmythologisiert, aufgeklärt sind.

Mit dieser Aufklärung ist ein Prozess eingeleitet worden, der unsere Welt vielleicht wie kein zweiter beeinflusst hat. Nicht umsonst steckt im Wort Aufklärung noch selbst die Lichtmetapher. Wenn etwas aufklärt, wird es hell. Das Licht, welches erhellt, ist nun jedoch nicht mehr das göttliche Licht, sondern das Licht der Vernunft, das häufig gerade den göttlichen Nebel vertreiben soll.

Aus Rousseaus Sarg im Pariser Pantheon ragt die Fackel der Vernunft heraus, die er an die Aufklärer übergibt.

Die Frage, was eigentlich Aufklärung ist, beantwortet uns Immanuel Kant klassisch. Es ist der Mut, sich seines eigenen Verstandes ohne Anleitung eines anderen zu bedienen!

Aufklärung ist also kein Zustand, sondern es geht um eine Tätigkeit. Ein weit verbreitetes Missverständnis schließt Kant damit aus. Denken ist nicht vom Intelligenzquotienten abhängig. Der Intelligenzquotient sagt bestenfalls etwas über die

[13] Andacht gehalten im Konsistorium der EKBO am 9. 11. 2009.

Fähigkeit eines Denkapparates aus. Denken kann jeder und jede, egal wie intelligent sie oder er ist.

Damit es aber Aufklärung wird, hat es zur Voraussetzung, dass man sich dieser Vernunft ohne Anleitung eines anderen bedient. Das bedeutet nicht, dass man das Fahrrad zum zweiten Mal erfinden muss. Die alte Weisheit, dass Lesen vor Entdeckungen schützt, ist damit nicht außer Kraft gesetzt. Aber diese Selbständigkeit des Denkens baucht noch etwas anderes, sie braucht den Mut. Den Mut sich des eigenen Verstandes zu bedienen. In jeder hierarchischen Institution ist das ein nachvollziehbarer Satz. Umso mehr in Kants Zeit, die er nicht als aufgeklärt, sondern als „Zeitalter der Aufklärung" bezeichnete.

Welche Hoffnungen verbinden sich nicht alles mit dieser Aufklärung, die das Licht der Vernunft über Europa und die Welt bringen soll und im gleichen Atemzug: welch ein Schrecken?! Wie locker sitzen die Köpfe schon in der Französischen Revolution und unter den Jakobinern? Aber auch Napoleon, der „Weltgeist zu Pferde", der das Licht der Aufklärung durch Europa bis nach Ägypten und Russland trägt, nimmt die „Kollateralschäden" an französischem und anderen Menschenleben billigend in Kauf. Wohin es führt, wenn man das Licht der Wahrheit für einen Besitz achtet, das zeigen nicht nur die Illuminati in den Romanen der Verschwörungstheorien, sondern das zeigt immer wieder das Wesen der Aufklärung selbst.

Kein anderer hat diesen Zusammenhang von produktivem und destruktivem Potential der Aufklärung so deutlich herausgearbeitet wie Horkheimer und Adorno, die in der „Dialektik der Aufklärung" den aufklärerischen Spuren von der griechischen Antike bis in die Schrecken des 20. Jahrhunderts folgen. „Wir hegen keinen Zweifel, [...] dass die Freiheit in der Gesellschaft vom aufklärenden Denken unabtrennbar ist. Jedoch glauben wir, genauso deutlich erkannt zu haben, dass der Begriff eben dieses Denkens [...] schon den Keim zu jenem Rückschritt enthält, der heute überall sich ereignet."[14]

Horkheimer und Adorno schreiben dies im Angesicht jenes Schreckens, von dem der 9. November 1938 ein grausiger Vorbote war. Ein Schrecken, der unfasslich ist in seiner Monstrosität und doch gefasst werden muss, weil die Monstrosität aus der Banalität des Bösen geboren wurde. Zeugnis muss abgelegt werden und wenn die Sprache des Verstandes versagt, kann vielleicht die Sprache der Poesie Unsagbares sagen.

---

[14] Horkheimer, Max; Adorno, Theodor W.: Dialektik der Aufklärung. Frankfurt am Main 1988.

Peter Huchel, der Dichter der Mark, schreibt in seinem Winterpsalm von der Unmöglichkeit Zeuge zu sein:

„Da ging ich bei träger Kälte des Himmels
Und ging hinab die Straße zum Fluss,
Sah ich die Mulde im Schnee,
Wo nachts der Wind
Mit flacher Schulter gelegen.
Seine gebrechliche Stimme,
In den erstarrten Ästen oben,
Stieß sich am Trugbild weißer Luft.
Alles Verscharrte blickt mich an.
Soll ich es heben aus dem Staub
Und zeigen dem Richter? Ich schweige.
Ich will nicht Zeuge sein."

Manche von Euch, liebe Schwestern und Brüder wissen es, wir wohnen in Oranienburg in der Straße die zur Gedenkstätte Sachsenhausen führt. Durch diese Straße ging der sogenannte Todesmarsch der Häftlinge. An wie vielen Mulden im Schnee radle ich wohl vorbei, auf meinem täglichen Heimweg?

Huchel schreibt weiter:

„Sein Flüstern erlosch,
Von keiner Flamme genährt.

Wohin du stürzt, o Seele,
Nicht weiß es die Nacht. Denn da ist nichts
Als vieler Wesen stumme Angst.
Der Zeuge tritt hervor. Es ist das Licht.
Ich stand auf der Brücke,
Allein vor der trägen Kälte des Himmels.
Atmet noch schwach,
Durch die Kehle des Schilfrohrs,
Der vereiste Fluss?"

Dass Peter Huchel sich in die Naturlyrik flüchtet, in dieser letzten von ihm verantworteten Nummer des intellektuellen Aushängeschildes der DDR „Sinn und

Form“, das hat eben auch wieder mit der Aufklärung zu tun. Diesmal unter dem Mantel einer Wissenschaft, welche die Wahrheit in einer Weise für sich gepachtet hatte, dass Abweichung nicht toleriert wurde. Die Aufklärung wurde zu einer Hauptabteilung des Ministeriums für Staatssicherheit degradiert und damit wurde sie selbst verraten. Aufklärung ist öffentlich. Wo sie in ein Geheimwissen führt, ist Ihre Sache bereits verlogen und verloren.

Ist die Aufklärung deshalb selbst das Problem? Können wir Christen sie überhaupt tolerieren oder müssen wir sie bekämpfen?

In der Gefängnishaft unter den Nazis hat Dietrich Bonhoeffer so scharf und tastend wie vor ihm kein Theologe gesehen, dass die Aufklärung nicht zurückzudrängen sein wird. Dass ihr Erfolg ihr Recht gibt. Dass die Aufklärung Gott als Welterklärungsprinzip abgeschafft hat. Die religiöse Flucht, Gott deshalb an den Rändern der Aufklärung zu verorten, erkannte Bonhoeffer als eine sinnlose und riskante Rückzugsstrategie, denn mit jeder weiteren Erkenntnis der Vernunft rückt Gott weiter aus der Welt. Bonhoeffer schlug einen radikal anderen Weg vor – die Säkularisierung nicht zu beklagen, sondern das Mündig-Werden der Welt zu begrüßen. Gerade aus theologischen Gründen zu begrüßen. Gott wird durch die Mündigkeit der Welt davon befreit, als Welterklärungsprinzip herhalten zu müssen. Und gerade durch diese Befreiung Gottes und der Welt kann Gott so zu seiner Welt kommen, wie er selbst es will. Wie er selbst es uns vorgelebt hat, in Jesus, dem Christus. In diesem Jesus Christus hat Gott sich offenbart, hier können wir ihn erkennen, hier zeigt er, was sein Reich seiner Welt zu bieten hat.

Offenbarung ist dann eine andere Lichtmetapher, welche die Aufklärung nicht ausschließt, sondern sie vielmehr ins rechte Licht rückt. Wolf Krötke hat diesen Zusammenhang als Gottes klarmachende Klarheit beschrieben.

Aber haben wir sie da nicht wieder die christliche Jenseitsvertröstung, die uns seit jeher vorgeworfen wird? Wo bleibt das Reich Gottes in der Geschichte? Manche meinen, es komme aus der Geschichte. Die Geschichte entwickle sich immer höher, bis sie schließlich in sein Reich übergehe. In der säkularen Variante meinten das die Marxisten wie die Nazis: das Heil ist herstellbar. In unseren Machbarkeitsphantasien hängen wir dieser Idee des hergestellten Heils heute vielleicht sogar ebenso stark an.

Heino Falcke, der große Theologe aus Erfurt, hat dagegen beharrlich darauf hingewiesen, dass das Reich Gottes nicht aus der Geschichte komme, wohl aber in die Geschichte hineinwirke. Wir müssen das Reich Gottes also nicht machen. Wenn wir das versuchen, wird es grausam misslingen. Wir als Christen können aber darauf hoffen, dass Gottes Reich in unsere Geschichte schon hineinleuchtet, dass es in ihr aufleuchtet. Deshalb heißt es sich nicht zurückzuziehen, sondern die Lampen bereitzuhalten, denn der Bräutigam kann in unsere Geschichte kommen. So wie er am 9. November 1938 schmerzlich vermisst wurde. Eine Abwesenheit, die wir im Psalm beklagen können und müssen – so sehr können wir uns über sein Hineinleuchten am 9. November 1989 freuen. Sogar Günther Schabowski konnte so zu einer kleinen Leuchte des Reiches Gottes in unserer Welt werden. So viel ist bei Gott möglich.

Dass dieses Aufscheinen des Reiches Gottes in der Geschichte auch kein Besitz ist, also nichts, was wir feststellen könnten, das wird deutlich, wenn wir uns selbstkritisch mit unserem Leben in der DDR beschäftigen. Das ist mit jenem 9. November nicht vorbei und weggewischt. „Das Vergangene ist nicht vergangen“[15], wie wir derzeit auf der politischen Bühne Brandenburgs wieder erleben können. Der Dresdner Dichter Thomas Rosenlöcher bringt es auf den Punkt:

»Keine DDR-Identität?«
Ich schüttelte den Kopf.
»Nie im Leben«, sagte ich.
Und war doch bei den Jungpionieren.
»Das ist doch kein Pionierknoten, Kind«, sagte die Pionierleiterin.
Und beugte sich zu mir herab, ein sanfter Halskitzelschauer.
Ehe ich wieder zurück in die Reihe mußte und wir alle
gemeinsam das »Lied der jungen Naturforscher« sangen.
Die Heimat hat sich schön gemacht
und Tau blitzt ihr im Haar.
Wobei es mir die umwerfende Zeile: »Mit Fuchs und Dachs
und Vogelwelt stehn wir auf du und du« besonders angetan
hatte. Und ich, spätestens dann, wenn bestimmte Mädchenstimmen einfielen, in meinem Kinderseelchen den heftigen Wunsch verspürte, daß alles sich richten möchte. Eine Art Restreligiosität, die mich immer neu auf einen richtigen Sozialismus hoffen ließ. Zu meiner Blindheit beitrug, mich benutzbar machte. Und die ich doch nicht missen möchte, auch nicht im Nachhinein. Das Prinzip Hoffnung, ja, wenn auch nun hoffentlich durch das Prinzip Skepsis ergänzt: mich vielleicht doch davor zu bewahren, ein bloßer Joghurtesser zu werden.“

Amen.

---

[15] So beginnt Christa Wolf ihren Roman: Kindheitsmuster.

Gebet
Guter und barmherziger Gott,

wir bitten Dich, gib, dass wir die

Sehnsucht nach Frieden,

die Hoffnung auf Gerechtigkeit in unserem Land und weltweit,

gibt dass wir den Einsatz für die Bewahrung Deiner Schöpfung,

nicht vergessen und nicht betäuben.

Gib, dass wir uns nicht mit weniger zufrieden geben als mit der Hoffnung auf Dein Reich, das in unserer Geschichte schmerzhaft abwesend war, das in sie hineinleuchtete und hineinleuchten will.

Laß uns aufmerksame Zeugen bleiben, da wo Unrecht geschieht, wo Arme ärmer gemacht werden, wo der Krieg wieder zur Option der Politik wird und wo Deine Schöpfung abgebaggert und strahlend endgelagert werden soll.

Bewahre Deine Menschen davor, bloße Joghurtesser zu werden, sondern lass uns Menschen spüren, wie Du uns gemeint hast, als Deine Ebenbilder.

Amen.

Die güldene Sonne (EG 444, 1-5)[16]

„4. Es sei ihm gegeben mein Leben und Streben, mein Gehen und Stehn. ER gebe mir Gaben zu meinem Vorhaben, laß richtig mich gehen.“

Von „Begabung“ ist derzeit wieder viel zu lesen. Wir würden unsere Hochbegabten nicht genügend fördern. In Brandenburg werden derzeit Leistungs- und Begabtenklassen eingerichtet, für die Kinder, deren Eltern sie schon nach der 4. Klasse ans Gymnasium anmelden möchten. In Berlin heißen diese Schulen grundständige Gymnasien.

„5. In meinem Studieren wird er mich wohl führen und bleiben bei mir, wird schärfen die Sinnen zu meinem Beginnen und öffnen die Tür.“

Aber hier liegt das Problem bei der Begabung. Häufig sind es nicht die Begabten, die diese grundständigen Gymnasien und Leistungs- und Begabtenklassen besuchen, sondern die Kinder von Eltern, die besonders bildungsinteressiert sind. Das kann man keinen Eltern verdenken, aber ein Problem ist es eben überall da, wo Gott nicht die Türe zum Studieren durch ein bildungsinteressiertes Elternhaus geöffnet hat.

Dem Dichter unseres Morgenliedes, Philipp von Zeesen, der aus einem kleinen Ort bei Dessau kam, war dies Studieren vielleicht auch nicht in die Wiege gelegt worden. Seinen Adelstitel bekommt er selbst als angesehener Dichter des Barock, er hat ihn nicht ererbt. Er lebt als freier Schriftsteller in den Niederlanden und in Hamburg, wo er 1689 stirbt. Von Prirau in die Welt – wer Prirau kennt, weiß, dass das damals wie heute keine Selbstverständlichkeit war. Ja weniger als das, es ist besonders in Deutschland extrem unwahrscheinlich geblieben, dass Menschen bildungsferner Herkunft selbst höhere Bildungsabschlüsse erwerben. So unwahrscheinlich, dass selbst die Ökonomie sich um diesen Zusammenhang Sorgen macht.

Dass sich die OECD als Organisation für wirtschaftliche Zusammenarbeit und Entwicklung als Trägerin des PISA-Tests überhaupt für einen so groß angelegten Bildungstest zuständig fühlt macht deutlich, wie stak der Zusammenhang zwischen Kompetenzen, Leistungen, die das Schulwesen hervorbringt, und ökonomischer Entwicklung gesehen wird.

Der zuweilen erhobene Vorwurf, das PISA-Konsortium ziele dabei nur auf die Sicherung des Wachstums der Nationalökonomien und vergesse darüber die

---

[16] Gehalten am 08. 02. 2010 Konsistorium der EKBO.

Individuen, greift sicher zu kurz, denn bereits am Anfang des PISA-Programms erläutern die Autoren die Zielrichtung der Untersuchung: „Nach der Vorstellung der OECD werden mit PISA Basiskompetenzen erfasst, die in modernen Gesellschaften für eine befriedigende Lebensführung in persönlicher und wirtschaftlicher Hinsicht sowie für eine aktive Teilnahme am gesellschaftlichen Leben notwendig sind. Die PISA zu Grunde liegende Philosophie richtet sich also auf die Funktionalität der bis zum Ende der Pflichtschulzeit erworbenen Kompetenzen für die Lebensbewältigung im jungen Erwachsenenalter und deren Anschlussfähigkeit für kontinuierliches Weiterlernen in der Lebensspanne." (PISA 2000, Konsortium 2001, S. 16). Demnach sieht PISA diesen Zusammenhang von Bildung und Wohlfahrt durchaus für die Gesamtgesellschaft, wie für das Individuum. Basiskompetenzen, wie sie zu vermitteln Pflichtauftrag der Schule ist, sichern damit für jeden Menschen die Möglichkeit gesellschaftlicher Teilhabe und damit eine befriedigende Lebensführung. Bildung und Armut hängen nach dem OECD-Konzept aufs Engste zusammen, sowohl was das Individuum als auch was unsere Gesellschaft, ja auch die weltweite Gemeinschaft betrifft.

Allerdings zeigt PISA, dass in kaum einem anderen Land der OECD der Zusammenhang von sozialer Herkunft und Bildungsabschluss so eng ist wie in Deutschland. Hier liegt demnach ein zentrales Problem unserer Gesellschaft und ein eminentes Gerechtigkeitsdefizit. In der Sozialdemokratie ist daraus in den ersten Jahren des neuen Jahrtausends die Einsicht formuliert worden, dass es auf Chancengleichheit im Bildungssystem ankomme. Dass also das Kind aus der Zuwandererfamilie nicht signifikant schlechtere Chancen haben dürfte, das Bildungswesen mit den gleichen Abschlüssen zu verlassen, als ein Kind aus dem Bildungsbürgertum. Dieses Ziel ist bis heute kaum erreicht. Vielmehr gilt, dass die Kinder von Eltern, die Abitur haben, in über 90% der Fälle selbst das Abitur ablegen werden. Kinder von Eltern, die zu Hause viele Bücher haben, werden in allen Leistungstests am besten abschneiden. Daran sehen wir, dass das häusliche Bildungsinteresse in Deutschland nach wie vor der beste Motor für gute Bildungsabschlüsse und damit Startpositionen im Wettbewerb um die guten Stellen ist. Von Vornherein stehen deshalb die Kinder aus nicht-bildungsinteressierten Elternhäusern vielfach auf den schlechteren Startpositionen. Wenn diese Kinder in der Schule noch nicht richtig sprechen können, haben sie beim Lesen-Lernen massive Schwierigkeiten und hinken in der Schule von Anfang an hinterher. Das trägt zu einem Fremd- und Selbstbild des Lernschwachen bei, das sich wie in einer selbsterfüllenden Prophezeiung bis zum Ende der Schulkarriere fortsetzen kann. In diesem Zusammenhang wurde deutlich, wie wichtig vorschulische Bildung ist. Fast alle

Bundesländer haben daraufhin Bildungspläne für Kitas aufgelegt. Überall gibt es Sprachstandserhebungen in den Vorschuljahren. Allerdings ist problematisch, dass häufig gerade diejenigen Eltern, deren Kinder dringend auf eine entsprechende Förderung angewiesen wären, ihre Kinder nicht in die Kindergärten schicken bzw. bislang oft nicht einmal einen Rechtsanspruch darauf haben, weil sie z.B. arbeitslos sind. Manche befürchten, dass durch die Zahlung eines Erziehungsgeldes der Anreiz, sein Kind nicht in den Kindergarten zu schicken gerade für Eltern, die jeden Pfennig umdrehen, noch erhöht wird. Dabei geht das Land Berlin mit seinem beitragsfreien letzten Kita-Jahren, trotz seiner hohen Verschuldung hier einen mutigen Schritt voran.

Dennoch kann diese im Grunde funktionale Bildungs- und Armutsdebatte nicht das ganze Bild spiegeln, sondern verschleiert gerade die wesentlichen Teile. Grundsätzlich liegt der OECD-Perspektive eine Logik des Wachstums zu Grunde, die in weiten Teilen längst nicht mehr von der Realität gedeckt ist. Auch wenn die Prognosen des Club of Rome von den Grenzen des Wachstums sich – Gott sei Dank – so nicht erfüllten, sind die grundsätzlichen Überlegungen alles andere als obsolet. Vielmehr sehen wir z.B. an den Fragen des Treibhauseffektes wie dringend eine Begrenzung des Ausstoßes von Treibhausgasen ist, selbst wenn uns noch Braunkohle für Jahrhunderte zur Verfügung stünde. Gerade die Debatte um die Braunkohle macht aber auch in unserer Region noch aus einer anderen Perspektive auf Grenzen des Wachstums aufmerksam, wie viel Heimat darf zugunsten der Energiegewinnung abgebaggert werden oder verseucht wie im Nigerdelta? Oder verstrahlt wie in der Wismut-Region? Welche Opfer sind wir bereit, auf dem Wachstumsaltar zu bringen? Zumal die Versprechen des Wachstums sich immer häufiger nicht erfüllen. Die Logik der Schornsteinära der Industrialisierung: Wachstum schafft Arbeitsplätze, gilt schon seit Jahren nicht mehr. Selbst wenn in Zeiten des Aufschwunges einige Arbeitsplätze entstehen, gehen in Jahren der Krise weit mehr verloren. Experten diagnostizieren schon lange, dass der Arbeitsmarkt vom Wachstum weitgehend abgekoppelt ist. Das Versprechen, dass alle gut Ausgebildeten eine Chance auf dem weltweiten Markt des Wettbewerbs haben, ist nur für einige zur Verheißung geworden. Für andere wurde es zur Bedrohung. Die Bildungsverlierer werden auch zu gesellschaftlichen Verlierern. Der Begriff der Chance, so schön er sein mag, wird für die Benachteiligten vor allem von der anderen Seite der Medaille her gehört und da bedeutet der gleiche Begriff „Risiko". Selbst ein so optimistischer Begriff wie „Chancengerechtigkeit" bedeutet eben; nicht alle können gewinnen, sondern diejenigen, die die Chance nicht optimal nutzen, werden verlieren. Diese Bedrohung der Chancen löst häufig Lähmung gerade bei jenen aus, die man eigentlich motivieren will. Das Versprechen eines „vorsorgenden Sozialstaates" wird hier als Drohung gehört, die Nachsorge einzustellen und die Schuld am Versagen auf die Versager abzuschieben. Dieses ökonomisierte Menschenbild hat gerade in der alten Arbeiterpartei SPD in einer Weise um sich gegriffen, dass viele ihrer Stammwähler sich erschrocken abwenden und die Partei, die das Solidaritätsprinzip einst hochhielt, verließen.

Eine andere Entwicklung dringt allerdings erst in jüngster Zeit langsam ans öffentliche Bewusstsein. Selbst für diejenigen, die zu den Bildungsgewinnern gehören, sind längst nicht mehr alle Wege geebnet. Weit mehr als eigene Leistung bestimmt inzwischen der Zufall über Karrieren von Akademikern und Gut-Ausgebildeten. Wenn die Firma nicht Bankrott anmeldet, dann hat ein 50-Jähriger durchaus gute Chancen einen gut abgesicherten Vorruhestand anzutreten. Muss die Firma aber aufgeben, ist das Abrutschen in die Dauerarbeitslosigkeit für viele ältere, gut ausgebildete Arbeitnehmer und Angestellte beinahe unausweichlich. Die viel gepriesene niedrige Akademiker-Arbeitslosenquote täuscht über die tatsächliche Situation hinweg. Freilich melden sich Akademiker selten arbeitslos, das bedeutet aber keineswegs zwangsläufig, dass sie in adäquaten Beschäftigungsverhältnissen stehen. Der vieldiskutierte promovierte Taxifahrer ist dabei eher die Ausnahme. Nur zu oft kämpfen sie als mehr oder weniger Schein-“Selbstständige“ um das wirtschaftliche Überleben. Andere bezeichnen sich mutig als „freischaffend“ – häufig genug ein Euphemismus. Selbst wenn diese „Selbständigen“ derzeit noch einigermaßen über die Runden kommen, bleibt kaum etwas übrig, das man in eine Altersvorsorge stecken könnte. Da die gesetzliche Rente bei Freischaffenden nicht greift, droht hier die Altersarmut. Manche haben das Glück, einen Lebenspartner in einer Festanstellung zu haben. In diesen Partnerschaften bekommt die Ehe häufig ihre zuweilen schon überwunden geglaubte ökonomische Funktion zurück.

Die Soziologie hat in den letzten Jahren den Begriff der Ausgeschlossenen für eine Gruppe von Menschen geprägt, die aus unterschiedlichsten sozialen Schichten kommend an der Gesellschaft nicht mehr angemessen teilhaben können. Das Versprechen, das die OECD mit dem PISA-Konsortium gibt, über Basiskompetenzen an der Gesellschaft partizipieren zu können, hat sich für diese Menschen nicht erfüllt, selbst wenn sie alle Bildungszertifikate mit Bravour erlangt haben.

Der Zusammenhang von Bildung, Wachstum und gesellschaftlicher und ökonomischer Teilhabe gilt häufig nicht mehr. Freilich, wird dies oft gut versteckt und nicht sichtbar. Wie die alte Armut häufig unsichtbar war und ist, so sind auch die Ausgeschlossenen häufig unsichtbar. Sie kommen ja aus unserer Mitte und sind nach dem Verlust des Arbeitsplatzes häufig nicht mehr bei den Geburtstagsfeiern dabei, sprechen vielleicht ein wenig zu heftig dem Alkohol zu und werden lieber nicht mehr eingeladen, sind es leid, die erfolgreichen anderen zu sehen und ziehen sich zurück. Wir alle kennen solche Schicksale, die längst keine Einzelfälle mehr sind. (Der Soziologe Heinz Bude hat sie in seinem gleichnamigen Buch „Ausgeschlossenen" (2009) untersucht und beschrieben).

Welche Aufgabe kann Bildung in diesem Kontext noch zukommen, wenn sie ihre funktionalen Versprechen jedenfalls nicht mehr automatisch erfüllen kann? Hier hilft eine Rückbesinnung auf die ursprüngliche Konzeption von Bildung, wie sie im Neuhumanismus klassisch wurde, aber bereits in Luthers Ratsherrenschrift von 1524 im Grundsatz angelegt ist und insofern zu Recht ein evangelisches Bildungsverständnis genannt zu werden verdient. Luther nennt vor allem drei gute Gründe für Bildung. Der erste ist für ihn ein theologischer. Gebildete können ihren Glauben besser und vor allem kritisch verstehen. Der zweite ist ein ökonomischer und zwar in genau der Doppelbedeutung, wie er auch bei PISA wieder vorkommt. Die Gesellschaft – in der Ratsherrenschrift in Form der Kommune – braucht gebildete Menschen und die Menschen müssen gebildet sein, um in der Gesellschaft zurechtkommen zu können. Der dritte Grund ist jedoch einer, der geradezu revolutionär ist. Bildung ist an sich gut. Selbst wenn sie keinen anderen Nutzen hätte, wäre es doch eine gute Sache, dass der Mensch gebildet ist.

Dieses Argument vor allem nimmt Wilhelm von Humboldt auf, der in einer Welt lebte, die auseinanderzufallen begann. Die einheitliche alles ordnende Welt, in die sich der Mensch nur einfügen musste, gab es mit dem Beginn der Industrialisierung nicht mehr. Familie, Arbeitswelt, Kirche, Politik stellten und stellen noch heute unterschiedlichste Anforderungen an die Menschen, die nicht in ein Kontinuum eingetragen werden können. Humboldts Antwort auf die Beobachtung dieses Auseinandergerissen-werdens war, dass der Mensch nun selbst die Integrationsleistung vollbringen muss, die vormals die Welt für ihn übernahm und er sich dahinein fügte. Bildung ist deshalb notwendig, weil sie das Mittel ist, mit dessen Hilfe die Integrität der Person – wie unvollkommen und fragmentarisch auch immer –, erarbeitet werden konnte. Dieses Bemühen um Integrität nimmt dem Einzelnen niemand mehr ab. Auch Bildung *gibt* nicht Orientierung, sondern sie hilft, dass der Mensch sich selbst Orientierung geben kann. Eine wichtige Voraussetzung von eigener Orientierung ist es aber, selbst Orientierung und Halt erfahren zu haben. Halt und Orientierung zu geben, das ist in erster Linie eine Aufgabe der Familie. Aber nicht nur in Fällen, in denen die Familie das nicht kann (und da benannte schon Luther 1524 die gleichen Gründe wie wir sie heute vorfinden, warum Familien zuweilen einfach weder Halt noch Orientierung bieten können) bleibt es eine öffentliche Aufgabe Orientierungswissen zu vermitteln, damit sich Menschen selbst orientieren lernen. Der klassische Ort in unserer Gesellschaft dafür ist die Schule. Die Schule hat deshalb nicht nur die Aufgabe, funktionale Kenntnisse und Fertigkeiten wie Rechnen, Schreiben und Fräsen zu lehren, sondern sie hat auch die Aufgabe, Orientierungswissen zu vermitteln. Es geht in der Schule immer auch um ein Lernen, das den ganzen Menschen betrifft, das die Fragen berührt, die uns unmittelbar angehen. Das sind dann auch jene Fragen, die bleiben, wenn alles Gelernte vergessen ist, die eben nicht nur für die Schule, sondern fürs Leben bedeutsam sind und die jene eigentlichen Fragen sind, die da einsetzen, wo die Naturwissenschaft aufhört. Nicht, dass diese Fragen irgendwo an den Rändern der Wissenschaft zu verorten wären, sondern das sind die Fragen, mit denen wir uns über den Sinn unseres Lebens verständigen. Damit aber aus dieser Orientierung überhaupt Bewegung werden kann, bedarf es des Halts, der Geborgenheit. Auch da ist an erster Stelle wieder die Familie gefragt. Aber wie in der Bildung, gibt es auch in Fragen des sozialen Gehaltenseins Familien, die dies aus unterschiedlichsten Gründen nicht leisten können. Hier muss unsere Gesellschaft, hier muss unsere Kirche als Diakonie subsidiär einspringen und versuchen den Halt zu geben. Nicht um Menschen festzuhalten, sondern um ihnen die Geborgenheit zu vermitteln, die die Voraussetzung dafür ist, los laufen zu können. Menschen halt- und orientierungslos in die Welt zu werfen, damit sie ihre vorgeblichen „Chancen" nutzen können, ist unverantwortlich, unsozial und unchristlich. Halt bedeutet deshalb auch die Gewissheit, nicht ins Bodenlose fallen zu können. Bei vielen Menschen hat die Hartz IV Gesetzgebung genau diese Unsicherheit erzeugt – die Angst, ins Bodenlose fallen zu können. Das beflügelt Menschen nicht, das treibt sie schlimmstenfalls vor sich her.

Der Zusammenhang von Bildung, Armut, Diakonie und Schule muss deshalb wesentlich weiter betrachtet werden, als nur unter der funktionalen Perspektive. Diese ist nicht falsch, aber sie verkürzt den Menschen unzulässig. Der christlichen Gewissheit, dass wir nicht tiefer fallen können als nur in Gottes Hand muss in unserem Sozialstaat eine Gewissheit entsprechen, dass Menschen nicht ins Bodenlose fallen können, sondern sie in einem Netz aufgefangen werden. Ein Netz, das ihnen so viel Halt gibt, dass sie sich trauen, sich neu zu orientieren. Damit sie sich aber orientieren können, dazu bedarf es einer Bildung, die mehr ist als eine Qualifizierung für bestimmte Zwecke und Funktionen. Es bedarf einer Bildung, die den ganzen Menschen im Blick hat. Genau deshalb gehört der christliche Glaube – wie andere Religionen – zum Bildungskanon der Schule, deshalb ist das Beispiel einer „Verantwortungsübernahme für die Welt" (Hanna Arendt) in einer bestimmten Orientierung im konfessionellen Religionsunterricht auch an der öffentlichen Schule so wichtig und deshalb setzten die evangelischen Schulen hier ein wichtiges Zeichen in unserer säkularen Bildungslandschaft.

Dabei kann uns die christliche Gewissheit helfen, dass unser Halt und unsere Orientierung in dem Gott ist, wie er sich in Jesus Christus offenbart hat. Ein unglaubliches Geschenk hält diese Botschaft noch bereit: Wir müssen diesen Weg auf die Orientierung zu nicht allein gehen, sondern Gott selbst ist uns schon vorangegangen als Sohn, geht mit uns als Geist und kommt auf uns zu als Gott Vater.

Amen.

Denn ich schäme mich des Evangeliums nicht (Röm. 1.6-17)[17]

Text

Zuerst danke ich meinem Gott durch Jesus Christus für euch alle, dass man von eurem Glauben in aller Welt spricht. Denn Gott ist mein Zeuge, dem ich in meinem Geist diene am Evangelium von seinem Sohn, dass ich ohne Unterlass euer gedenke und allezeit in meinem Gebet flehe, ob sich's wohl einmal fügen möchte durch Gottes Willen, dass ich zu euch komme.

Denn mich verlangt danach, euch zu sehen, damit ich euch etwas mitteile an geistlicher Gabe, um euch zu stärken, das heißt, damit ich zusammen mit euch getröstet werde durch euren und meinen Glauben, den wir miteinander haben.

Ich will euch aber nicht verschweigen, liebe Brüder, dass ich mir oft vorgenommen habe, zu euch zu kommen – wurde aber bisher gehindert –, damit ich auch unter euch Frucht schaffe wie unter andern Heiden. Ich bin ein Schuldner der Griechen und der Nichtgriechen, der Weisen und der Nichtweisen; darum, soviel an mir liegt, bin ich willens, auch euch in Rom das Evangelium zu predigen.

Denn ich schäme mich des Evangeliums nicht; denn es ist eine Kraft Gottes, die selig macht alle, die daran glauben, die Juden zuerst und ebenso die Griechen. Denn darin wird offenbart die Gerechtigkeit, die vor Gott gilt, welche kommt aus Glauben in Glauben; wie geschrieben steht beim Propheten Habakuk: »Der Gerechte wird aus Glauben leben.«

Predigt

Liebe Gemeinde,

als Friedrich Demke mich bat, in dieser Andacht mit Euch über einen Text nachzudenken, da schlug er zwei Verse aus dem Römerbrief vor. Als Hintergrundinformation schriebst Du, das sei das Wort, welches Du Dir selbst als Konfirmationsspruch ausgesucht hast.

Ein Wort, das Dich seitdem begleitet, ein Wort, das immer wieder etwas bedeutet.

Ein fröhliches Bekennerwort, kann man denken. Da ist einer, der sagt es klar heraus, dass er ein Fan des Evangeliums ist – genau der guten Botschaft, die Jesus Christus verkörpert. Andere sind Fans von Bayern München oder Hansa Rostock, hier ist ein Fan des Evangeliums. Etwas provokant war es vielleicht deshalb, weil dieses Bekenntnis zu der Zeit, als Du es Dir als Konfirmationsspruch ausgesucht hast, hierzulande nicht überall beliebt war. Wer etwas werden wollte im Land, der sollte

[17] Stadtkirche Zehdenick, Verabschiedung von Friedrich Demke, 7. 5. 2011.

doch besser Fan einer anderen Weltanschauung gewesen sein, einer, die sich selbst als wissenschaftlich verstand. Hier bezieht also ein Jugendlicher provokant Position.

Allerdings hieße das die eigentliche Pointe des Paulus Wortes unterbieten. Freilich ist es ein Bekenntnis, aber es ist noch mehr. Es bleibt ja ein sperriges Wort und das, was es so sperrig macht, ist, dass es zwei gegensätzliche Botschaften in sich trägt.

„Ich schäme mich des Evangeliums nicht." Sagt nicht nur aus, dass man ein Fan des Evangeliums ist, sondern es sagt, das Evangelium ist eigentlich etwas, dessen man sich schämen kann. Es scheint sogar so als wäre es ziemlich ungewöhnlich, dass man sich dieses Evangeliums nicht schämt. Paulus betont es so besonders. Er schämt sich des Evangeliums nicht – das bedeutet doch, das Evangelium ist eigentlich etwas, dessen man sich schämen sollte.

Schon von allem Anfang an ist das Evangelium anscheinend eine sehr merkwürdige Botschaft: „wir aber predigen den gekreuzigten Christus, den Juden ein Ärgernis und den Griechen eine Torheit". (1.Kor 1, 23) Den Juden ein Ärgernis – denn was war denn das für ein Messias, der nicht einmal das Heilige Land befreien konnte und jämmerlich am Kreuz starb? Und den Griechen eine Torheit – wie sollte denn so ein toter Wanderprediger mit Gott identisch sein? Das Göttliche, das ist doch, was die Welt im Innersten zusammenhält, von dem alles seinen Zweck und seine Ordnung hat, das Göttliche. Das ist das der Welt zugrunde liegende Prinzip – aber doch kein toter jüdischer Zimmermann aus Nazareth – eine Torheit! All das weiß Paulus und er erzählt dennoch von diesem Jesus, der für ihn zum Christus geworden ist. Er weiß, dass das Evangelium ein Ärgernis und eine Torheit ist und er schämt sich dessen nicht. Dass das Evangelium eine Torheit war und ein Ärgernis, das hatten wir auch erlebt. Nur wenige Jahre nach Deiner Konfirmation bringt es ein damals 13-jähriges Mädchen so auf den Punkt: „In der Schule lerne ich das ganz anders / und die Lehrer haben Beweise. / Dann zweifle ich an dir / und mir scheint es unmöglich, / daß du überall bist. / Aber es gibt dich doch, / auch wenn ich es schwer begreifen kann."[18]

Nein, Beweise gibt es nicht. Es gibt sie bis heute nicht für das Evangelium.

Als ein „Opfer des Intellekts" hat Max Weber das Glauben der Guten Botschaft immer wieder bezeichnet und gemeint, Wissenschaft als Beruf vertrüge sich nicht mit diesem Opfer. Dabei spielt bei Weber aber auch Anerkennung mit vor diesem „Opfer des Intellekts". Es handelt sich beim Glauben der guten Botschaft von Jesus als dem, der ist wie Gott ist, um nichts, was man beweisen könnte. Wir dürfen es glauben. Wir

[18] Elena Demke: Gott wer bist Du? In: Die Christenlehre – Zeitschrift für den katechetischen Dienst. 7/1982, S. 194.

glauben es, ohne dass wir es beweisen könnten. Ein Wagnis, das wir eingehen, das auf nichts weiter gegründet ist als auf unser Vertrauen, dass sich bei diesem Jesus wahres Leben zeigt.

Auch wenn die wissenschaftliche Weltanschauung sich als Irrtum herausgestellt hat, so ist doch das Evangelium deshalb noch lange nicht zum Allgemeingut geworden.

Noch immer braucht es diesen gewissen Trotz, der auch in dem Satz steckt: „Ich schäme mich des Evangeliums nicht“. Jene, die schon immer wussten, dass das Evangelium eine Torheit ist, die haben sich nicht einfach in Luft aufgelöst. Und anderen wird die Botschaft, dass Gott alle Menschen liebt, zum Ärgernis. Auch wenn wir uns leicht damit beruhigen: „Das ist alles vorbei. Früher, zu Nachwendezeiten, da war es wirklich krass. Zwischen 1991 und 95 stand Oberhavel auf Platz drei der Städte mit den meisten Straftaten. Erste Berlin, dann Frankfurt/Oder, dann Oberhavel. Der harte Kern war hier. Etliche Leute, die Neger über die Brücke geschmissen haben. Ich muss es wissen.“[19]

Ja klar, das waren die 90er, sagen wir uns. Da brannte auch bei uns in Oranienburg die jüdische Baracke im ehemaligen KZ. Aber heute ist das doch alles anders. Nur dann schreibt Moritz von Uslar weiter: „Dies schien der Moment für eine Pause zu sein, denn der, der es wissen musste, setzte eine Pause: die unheimlich gute Laune, die immer dann aufkam, wenn einer das Wort Neger ganz selbstverständlich, wie ein nicht rassistisches Wort, im Gespräch verwendete“ (ebd.).

Ich schäme mich des Evangeliums nicht, was heißt das heute in der Schule, in der Kneipe, auf der Straße? Ich schäme mich des Evangeliums nicht? Was heißt das im Umgang mit behindertem Leben – Ich schäme mich des Evangeliums nicht? Viele schauen einen an, weil man es doch leichter hätte haben können.

Und dann merken wir noch eines, wenn wir über diesen Satz nachdenken. Toll, dass der Paulus ihn so sagen kann und wie gern borgen wir uns ihn aus! Denn er spricht uns Mut zu – aber manchmal, wirkt es da nicht doch etwas arg antiquiert das Evangelium? Passt es noch in unsere Zeit? Antworten wir immer, wenn wir zu diesem seltsamen Kauz Jesus gefragt werden – „ich schäme mich des Evangeliums nicht“? Oder leihen wir uns nicht ab und an die Worte von Petrus – „ich kenne diesen nicht“?

Und noch eines kommt in den Sinn. Die alte Gesellschaftsordnung nannte sich gern „materialistisch“ und grenzte sich ab von der sogenannten „idealistischen“. Nun, da die angeblich idealistische uns eingeholt hat, merken wir was Materialismus wirklich

---

[19] Moritz von Uslar: Deutschboden – Eine teilnehmende Beobachtung. Köln 2010, S. 98.

heißen kann. Die DINGE bekommen einen Stellenwert, den sie in der alten Zeit nicht gehabt zu haben schienen. Die alte Zeit scheint in manchem so grenzenlos idealistisch, dass wir uns wundern, wie die Worte nur so grotesk hatten vertauscht sein können. Wir selber stehen mittlerweile in der Gefahr, vom Materialismus eingeholt zu werden; wir, die wir uns auf der anderen Seite des Materialismus wähnten. Die Bezahlung wird besser, die Angebote verlockender, die Fernseher größer, die Autos teurer und bequemer, die Flugreisen billiger. Wenn sich das Haben so unmerklich vor das Sein schiebt, dann kann es schnell passieren, dass wir uns zwar des Evangeliums nicht mehr schämen, aber wir schämen uns nicht etwa deshalb nicht, weil wir von ihm angetrieben sind, sondern weil wir es vergessen haben.

Paulus ist angetrieben vom Evangelium. Er schreibt diesen Satz den Römern und ist schon wieder unterwegs, auf Reisen. Auf Eure Reise, liebe Demkes, möge Euch dieser Satz begleiten, wie er Euch bis hierher begleitet hat. Auch in Kanada wird es Anlass geben, sich hier und da diesen guten Satz des Paulus in Erinnerung zu rufen. Ich schäme mich des Evangeliums nicht. Und wir, die hier bleiben, auch wir dürfen uns diesen Satz leihen. Ja, es ist eine merkwürdige Sache mit dieser guten Botschaft Gottes, aber eine, mit der es sich zu leben lohnt.

Amen.

Prüft aber alles, und das Gute behaltet (1. Thess. 5, 14-24)[20]

Der Text

Der Predigttext für den heutigen Sonntag steht im 1. Thessalonicherbrief: „Wir ermahnen Euch aber, liebe Brüder, weist die Unordentlichen zurecht, tröstet die Kleinmütigen, tragt die Schwachen, seid geduldig gegen jedermann. Seht zu, dass keiner dem andern Böses mit Bösem vergelte, sondern jagt allezeit dem Guten nach – untereinander und gegen jedermann.

Seid allezeit fröhlich, betet ohne Unterlass, seid dankbar in allen Dingen; denn das ist der Wille Gottes in Christus Jesus an euch. Den Geist dämpft nicht. Prophetische Rede verachtet nicht. Prüft aber alles, und das Gute behaltet. Meidet das Böse in jeder Gestalt."

Die Predigt

Ihr Lieben, ist das nicht ein wunderbarer Predigttext! Er spricht einem doch so richtig aus dem Herzen! Da kann der Prediger auf der Kanzel stehen und allen so richtig die Meinung sagen, er kann sie mal so richtig ermahnen. All das, was man schon immer mal ermahnen wollte, das kann man nun loswerden. Und das Schönste daran ist, man muss es nicht mal selbst sagen, sondern es sagt ja die Bibel, ja der Apostel selbst hat es geschrieben. Er ermahnt die Gemeinde. Viel zu selten sind solche Predigttexte!

Das Problem dabei ist nur, solche Ermahnungen klingen doch furchtbar selbstgerecht. Aus dem Mund des Paulus würde man sie sich vielleicht noch gefallen lassen, aber von einem Prediger, der selbst mindestens ebenso viel an Ermahnung nötig hätte? Wer lässt sich da schon gern ermahnen? Wie kommen solche Ermahnungen denn bei Euch an? Klingen sie nicht besserwisserisch? Was weiß der schon, der uns da ermahnen will? Er hat doch keine Ahnung. Ermahnungen sind ein höchst zweischneidiges Schwert. Wer erinnert sich nicht an Ermahnungen vom Chef, von der Lehrerin oder von den Eltern. Denken wir zurück, was uns diese Ermahnungen bedeutet haben, so bleibt doch meist ein ambivalentes Gefühl zurück. „Putz Dir die Nase und sei pünktlich"; „Das nächste Mal ziehst Du aber eine ordentliche Pionierbluse an". „Kannst Du denn nicht ein Mal still sein?"; „Reiß Dich doch mal zusammen und muss ich Dir denn alles 1000-mal sagen?" Ermahnungen, denen wir sicherlich noch einige hinzufügen können, die uns auch immer mal wieder über die Lippen gehen, aber wenn wir überlegen, ob sie uns weitergeholfen haben, so würde ich vermuten, den meisten ist bei solchen Ermahnungen nicht wohl. Manchmal haben wir dann gerade das gemacht, wozu wir ausdrücklich ermahnt worden sind es nicht zu tun. Ermahnungen

[20] Gottesdienst Nikolaikirche Oranienburg/Lehnitz, 14. Sonntag nach Trinitatis, 24. 08. 2008.

können kontraproduktiv sein, ungewünschte Nebenwirkungen haben, die manchmal folgenreicher sind als die eigentlichen Wirkungen. Weiß der Apostel Paulus das alles nicht? Er ermahnt hier in unserem Predigttext ja zum Steinerweichen. War das damals noch anders? Half da das Ermahnen noch?

Der Thessalonicherbrief ist der älteste Paulusbrief im Neuen Testament. Thessalonich, das heute Thessaloniki oder Saloniki heißt, war zur Zeit des Paulus eine bedeutende Handelsstadt. Sie ist es auch heute noch. Ich glaube, es ist die zweitgrößte Stadt Griechenlands. Vor Jahren, als ich dort war, wollte man unbedingt auch eine U-Bahn wie die in Athen haben. Thessaloniki ist heute und war schon zur Zeit des Paulus die Hauptstadt der Region Mazedonien. Aber da beginnt auch schon das Problem, denn eigentlich ist Mazedonien weit größer als Griechenland. Phillip und sein Sohn Alexander der Große waren Mazedonier und verleibten sich nicht nur ganz Griechenland ein, sondern Alexander beherrschte auch Ägypten und stieß bis an den indischen Subkontinent vor. Griechische Kultur wurde durch Mazedonien in der ganzen Welt verbreitet. Zur Zeit des Paulus war Thessaloniki zwar nicht unbedeutend, aber doch Provinz. Ein wenig von diesem Gefühl kann man dort noch heute spüren. Ein Weltreich, das einem doch eigentlich gehörte, ist abhandengekommen.

Paulus besuchte Thessalonich nachdem er in Philippi ausgewiesen worden war und versuchte hier ein neues Missionszentrum zu gründen. Die Gründung einer Gemeinde gelang auch. Es dauerte aber nicht lange, dann bekam Paulus wieder Schwierigkeiten. Streitfragen gab es nicht nur mit der alteingesessenen Synagogengemeinde, sondern auch mit der politischen Führung der Stadt. Paulus musste also wieder Hals über Kopf die Stadt verlassen. Paulus ist sich nicht sicher, was aus seiner Gemeinde geworden ist. Gefestigt war sie noch keinesfalls, nach dem halben Jahr, das er dort bleiben und die Gemeinde aufbauen konnte. Nun war er weg, vermutlich konnte er sich nicht einmal von allen Gemeindegliedern verabschieden, denn er rechtfertigt in dem Brief seine überstürzte Abreise. Die Gemeinde in Thessalonich lässt Paulus auch in der Ferne keine Ruhe. Er weiß nichts von ihr und schickt deshalb aus Athen seinen engsten Mitarbeiter, Timotheus nach Thessalonich zurück. Ihm gibt er einen Brief mit und einen weiteren Brief schreibt er wohl nach der Rückkehr des Timotheus. Aus diesen beiden Briefen ist vermutlich der uns überlieferte Brief zusammengestellt. Paulus ist weit weg von seiner Gemeinde, die ihm am Herzen liegt. Er kann nicht hinkommen, weil die Stadtverwaltung das verhindert. Er macht sich Sorgen um die junge Gemeinde, die er nur ein knappes halbes Jahr begleiten konnte und die dann auf sich allein gestellt blieb. Er weiß nicht, wie es dieser Gemeinde geht, seinen Freunden, die er in Thessalonich gewonnen hat. Sie haben auf ihn gebaut, von ihm etwas erwartet und fühlen sich nun vielleicht schmählich von ihm im Stich gelassen. Ihnen gibt Paulus in seinem Brief all das mit, was irgend in so einen Brief hineinpasst, an guten Ratschlägen, tröstenden Worten, Rechtfertigungen. Es ist sehr aufschlussreich, dass das griechische Wort, das in unserem Text mit „Ermahnen" übersetzt wird, genauso gut auch „bitten" und sogar „trösten" heißen kann. Mindestens so viel Bemühung um Trost ist in den Zeilen des Paulus wie Bitte und Ermahnung.

Ein Vers in diesem Konglomerat von Bitte, Trost und Ermahnung ist mir besonders wichtig geworden. Ich finde, hier zeigt sich die Aufgeschlossenheit des Paulus in besonderer Weise. „Den Geist dämpft nicht. Prophetische Rede verachtet nicht. Prüft aber alles, und das Gute behaltet." Nichts müssen wir von Vornherein bremsen. Nichts sollen wir verachten. Nichts was in der Gemeinde passiert und nichts was außerhalb der Gemeinde passiert. Aber wir sollen es prüfen, sagt der Apostel. Das Kriterium einer solchen Prüfung ist das, was Martin Niemöller auf die schöne Formel gebracht hat: „Was würde Jesus dazu sagen?" Das Beste sollen und können wir behalten. Paulus traut diese Prüfung der Gemeinde in Thessalonich selbst zu. Er will die Prüfung nicht für die Gemeinde vornehmen, sondern die Gemeinde ist selbst mündig genug, um zu prüfen und dann das Gute zu behalten.

Liebe Gemeinde, ich glaube, wenn heute auch der Apostel Paulusvon uns weit weg ist, weiter noch als er es damals von der Gemeinde in Thessalonich war, so können wir seine Tröstungen, Ermahnungen und Bitten, aber auch sein Zuspruch an uns sehr entspannt hören. Ich glaube, hier schreibt uns kein Besserwisser, sondern einer, dem seine Gemeinde am Herzen liegt. Einer, der sie als eine selbständige und mündige Gemeinde versteht. So lasst uns zum Abschluss die Worte des Paulus noch einmal lesen:

„Wir ermahnen Euch aber, liebe Brüder, weist die Unordentlichen zurecht, tröstet die Kleinmütigen, tragt die Schwachen, seid geduldig gegen jedermann. Seht zu, dass keiner dem andern Böses mit Bösem vergelte, sondern jagt allezeit dem Guten nach – untereinander und gegen jedermann.

Seid allezeit fröhlich, betet ohne Unterlass, seid dankbar in allen Dingen; denn das ist der Wille Gottes in Christus Jesus an euch. Den Geist dämpft nicht. Prophetische Rede verachtet nicht. Prüft aber alles, und das Gute behaltet. Meidet das Böse in jeder Gestalt."

Amen.

Ein Leib – viele Glieder (1.Kor. 12, 12-14, 26-17)[21]

Text

12 Denn wie der Leib „einer“ ist und doch viele Glieder hat, alle Glieder des Leibes aber, obwohl sie viele sind, doch „ein“ Leib sind: so auch Christus.13 Denn wir sind durch „einen“ Geist alle zu „einem“ Leib getauft, wir seien Juden oder Griechen, Sklaven oder Freie, und sind alle mit „einem“ Geist getränkt.14 Denn auch der Leib ist nicht „ein“ Glied, sondern viele.15 Wenn aber der Fuß spräche: Ich bin keine Hand, darum bin ich nicht Glied des Leibes, sollte er deshalb nicht Glied des Leibes sein?16 Und wenn das Ohr spräche: Ich bin kein Auge, darum bin ich nicht Glied des Leibes, sollte es deshalb nicht Glied des Leibes sein?17 Wenn der ganze Leib Auge wäre, wo bliebe das Gehör? Wenn er ganz Gehör wäre, wo bliebe der Geruch?18 Nun aber hat Gott die Glieder eingesetzt, ein jedes von ihnen im Leib, so wie er gewollt hat.19 Wenn aber alle Glieder „ein“ Glied wären, wo bliebe der Leib?20 Nun aber sind es viele Glieder, aber der Leib ist „einer.“21 Das Auge kann nicht sagen zu der Hand: Ich brauche dich nicht; oder auch das Haupt zu den Füßen: Ich brauche euch nicht.

26 Und wenn „ein“ Glied leidet, so leiden alle Glieder mit, und wenn „ein“ Glied geehrt wird, so freuen sich alle Glieder mit.27 Ihr aber seid der Leib Christi und jeder von euch ein Glied.28 Und Gott hat in der Gemeinde eingesetzt erstens Apostel, zweitens Propheten, drittens Lehrer, dann Wundertäter, dann Gaben, gesund zu machen, zu helfen, zu leiten und mancherlei Zungenrede.29 Sind alle Apostel? Sind alle Propheten? Sind alle Lehrer? Sind alle Wundertäter?30 Haben alle die Gabe, gesund zu machen? Reden alle in Zungen? Können alle auslegen?

Predigt

Ihr Lieben,

Ihr wisst, dass die Predigttexte für den jeweiligen Sonntag in unserem schönen Gottesdienstbuch festgelegt sind. Das ist kein Gesetz. Bei bestimmten Anlässen kann man davon abweichen. Man kann sich einen Text aussuchen und einen besonders geeigneten Text für diesen Sonntag finden. Heute könnte so ein besonderer Tag sein. Auch ich hätte mir einen Text aussuchen können, der besonders gut zu dem heutigen Gottesdienst passt und wenn ich das getan hätte, dann hätte dieser Abschnitt aus dem ersten Brief des Paulus an die Korinther sicherlich in die engste Wahl gehört. Paulus beschreibt, was wir hier in diesem Gottesdienst erleben dürfen. Es gibt tolle Gaben in seiner Kirche und jeder kann sie einbringen, jeder kann mitmachen, mitgestalten und so das Leben, das Gemeindeleben, den Gottesdienst bunter, lebendiger facettenreicher

[21] Gottesdienst in Schmachtenhagen, 21. Sonntag nach Trinitatis 28. 10. 2007.

machen. Genau wie wir es heute hier erleben. Kantor i.R. Wolfgang Hensel, hat sich bereit erklärt, die Orgel zu spielen und hat das musikalische Programm mit vorbereitet. Martina und Joachim Bleich machen den Gottesdienst mit ihrem Gesang zu einem Erlebnis. XXX hat die Kirche geheizt und für Blumen gesorgt. Andere kommen und feiern den Gottesdienst, singen bei den Liedern mit. Jeder trägt das bei, was er oder sie kann und mag.

Nur um es gleich zuzugeben: ich habe mir diesen Predigttext nicht ausgesucht, sondern er ist für den heutigen Sonntag, den 21. Nach Trinitatis vorgeschrieben. Es gibt 6 Predigtreihen; also nach 6 Jahren werdet Ihr die Predigten zum gleichen Predigttext hören können. Für unser Kirchenjahr gilt die 6. Predigtreihe und eben da steht der Teil aus dem Korintherbrief.

So freudig diese Vielfalt für uns heute ist, so gab es damals wohl doch einen ernsteren Grund für Paulus, der Gemeinde in Korinth dieses schöne Bild von der Gemeinde als einem Körper, einem lebendigen Organismus zu zeichnen. Paulus hat von Streit in der Gemeinde gehört. Es ging darum, so können wir seinem Brief entnehmen, dass manche in der Gemeinde bedeutender sein wollten als andere. Umstritten war, welche Gaben die wertvollsten sind bzw. ob jene, die wenig begabt sind, überhaupt in der Gemeinde so eine Hauptrolle spielen sollten. Und da sind wir bei einer Frage, die uns ja auch nicht ganz unbekannt ist. Wie wird das eigentlich gewürdigt bzw. wie wird es wertgeschätzt, was wir für unsere Gemeinde leisten? Welche Anerkennung bekommen wir eigentlich dafür? Wir rackern uns ab und keiner sieht das, keiner scheint es zu bemerken.

Die Wahlen zum Gemeindekirchenrat stehen vor der Tür. Und wieder sind Ehrenamtliche gesucht, die sich die Abende um die Ohren schlagen, um das Beste für unsere Gemeinde zu erreichen und dann doch oft genug wenig Dank dafür erfahren. Vermutlich ist das ein Schicksal aller Institutionen; auch die Kirche ist eine Institution wie jede andere auch. Seit 2000 Jahren kommen diese Unzufriedenheiten, die Reibereien, die Eitelkeiten und die Verweigerung von Anerkennung in unserer Kirche vor, so lesen wir es im Korintherbrief. Und doch ermöglicht Paulus der Gemeinde in Korinth vielleicht eine andere Sichtweise. Er sagt den Korinthern nicht: „Ihr seid ja alle gleich. Es gibt zwischen Euch gar keine Unterschiede.“ Das wäre eine Art christliche Gleichmacherei, die wir ja auch immer mal wieder erleben dürfen. Paulus argumentiert ganz umgekehrt und sagt: Ihr seid alle ganz unterschiedlich! Hier werden nicht alle über einen Kamm geschoren, sondern in den unterschiedlichen Gaben wertgeschätzt. Gerade aus dieser Unterschiedlichkeit, so argumentiert Paulus, ergibt sich das Ganze der Gemeinde, wie bei einem menschlichen Körper. All die unterschiedlichen Gaben braucht es und keines darf fehlen. Denn: Was nützt der feinste Kopf ohne den Hals? Was die begabtesten Hände ohne Arme? Was die flinksten Füße ohne Beine? Aber nur Beine, Arme und Hälse ohne fähige Köpfe, begabte Hände und flinke Füße sind auch kein vollkommener Leib. Wir brauchen einander in Gottes Gemeinde. So sind wir gemeint und so wollen wir uns gegenseitig wertschätzen! Paulus hat in seinem Brief noch eine Passage, die in unserem vorgeschlagenen Predigttext ausgelassen wurde. Vielleich aus Jugendschutzgründen? Ich will sie Euch trotzdem noch vorlesen:

„20 Nun aber sind es viele Glieder, aber der Leib ist „einer."21 Das Auge kann nicht sagen zu der Hand: Ich brauche dich nicht; oder auch das Haupt zu den Füßen: Ich brauche euch nicht.22 Vielmehr sind die Glieder des Leibes, die uns die schwächsten zu sein scheinen, die nötigsten;23 und die uns am wenigsten ehrbar zu sein scheinen, die umkleiden wir mit besonderer Ehre; und bei den unanständigen achten wir besonders auf Anstand;24 denn die anständigen brauchen's nicht. Aber Gott hat den Leib zusammengefügt und dem geringeren Glied höhere Ehre gegeben,25 damit im Leib keine Spaltung sei, sondern die Glieder in gleicher Weise füreinander sorgen."

Amen.

Die große Sünderin (Lk. 7, 36-50)[22]

Der Text

Es bat ihn aber einer der Pharisäer, bei ihm zu essen. Und er ging hinein in das Haus des Pharisäers und setzte sich zu Tisch. 37Und siehe, eine Frau war in der Stadt, die war eine Sünderin. Als die vernahm, daß er zu Tisch saß im Haus des Pharisäers, brachte sie ein Glas mit Salböl 38und trat von hinten zu seinen Füßen, weinte und fing an, seine Füße mit Tränen zu benetzen und mit den Haaren ihres Hauptes zu trocknen, und küßte seine Füße und salbte sie mit Salböl.

39Als aber das der Pharisäer sah, der ihn eingeladen hatte, sprach er bei sich selbst und sagte: Wenn dieser ein Prophet wäre, so wüßte er, wer und was für eine Frau das ist, die ihn anrührt; denn sie ist eine Sünderin. 40Jesus antwortete und sprach zu ihm: Simon, ich habe dir etwas zu sagen. Er aber sprach: Meister, sag es! 41Ein Gläubiger hatte zwei Schuldner. Einer war fünfhundert Silbergroschen schuldig, der andere fünfzig. 42Da sie aber nicht bezahlen konnten, schenkte er's beiden. Wer von ihnen wird ihn am meisten lieben? 43Simon antwortete und sprach: Ich denke, der, dem er am meisten geschenkt hat. Er aber sprach zu ihm: Du hast recht geurteilt. 44Und er wandte sich zu der Frau und sprach zu Simon: Siehst du diese Frau? Ich bin in dein Haus gekommen; du hast mir kein Wasser für meine Füße gegeben; diese aber hat meine Füße mit Tränen benetzt und mit ihren Haaren getrocknet. 45Du hast mir keinen Kuß gegeben; diese aber hat, seit ich hereingekommen bin, nicht abgelassen, meine Füße zu küssen. 46Du hast mein Haupt nicht mit Öl gesalbt; sie aber hat meine Füße mit Salböl gesalbt. 47Deshalb sage ich dir: Ihre vielen Sünden sind vergeben, denn sie hat viel Liebe gezeigt; wem aber wenig vergeben wird, der liebt wenig.

48Und er sprach zu ihr: Dir sind deine Sünden vergeben. 49Da fingen die an, die mit zu Tisch saßen, und sprachen bei sich selbst: Wer ist dieser, der auch die Sünden vergibt? 50Er aber sprach zu der Frau: Dein Glaube hat dir geholfen; geh hin in Frieden!

Die Predigt

Ihr Lieben,

fast alle Kommentare sind sich einig, dass es sich bei der Sünderin in unserem Predigttext um eine Prostituierte handelt. Eine Hure. In den Zeiten von Prostitutiertengewerkschaften und Vereinigungen wie z.B. „Hydra“ in Berlin, die

[22] Gottesdienst Nikolaikirche Oranienburg, 11. Sonntag nach Trinitatis, 19. 08. 2007.

selbstbewusst auftreten und den Missstand anprangern, dass Prostituierte in Deutschland zwar Steuern zahlen müssen, dagegen sich aber kaum versichern können oder ihr Geld nicht von zahlungsunwilligen Freiern einklagen können, weil ihr Gewerbe sittenwidrig ist. In unseren Zeiten also, in denen man über das noch immer anrüchige Thema „Prostitution“ immerhin in den Medien informiert wird, da können wir uns kaum noch vorstellen, wie der gesellschaftliche Stand von Huren in der Zeit des Neuen Testaments war. „Große Sünderin“ wie unser Text sagt, das ist ja noch die harmloseste Beschreibung. Hier handelte es sich nicht um Studentinnen, die sich mal eben ein Zubrot auf dem Strich verdienten, sondern um Menschen, die von der Gesellschaft ausgeschlossen waren.

Und dieser Frau vergibt Jesus ihre Sünden. Er nimmt sie in einer Weise an, dass der Pharisäer sich vor Verwunderung kaum fassen kann – weiß dieser Jesus denn nicht, wen er da vor sich hat? Dazu muss man doch wahrhaftig kein Prophet sein, um zu sehen, dass das *so eine* ist. In den Geschichten des Lukas Evangeliums sind es häufig die Verlorensten von allen, denen sich Jesus besonders zuwendet. Das ist toll, aus der Perspektive der Verlorenen. Aber aus der Perspektive des Pharisäers? Und: Wo müssten wir uns verorten? Sind wir die Verlorenen, die ganz am Rande der Gesellschaft stehen? Sind wir es, über deren Rückkehr sich Jesus besonders freut? Oder sind wir nicht die, die doch schon vieles richtig machen, die fest mit beiden Beinen im Leben stehen und in der Gesellschaft, in der Gemeinde anerkannt sind? Sind wir nicht jene, die wie es der Pharisäer macht, Jesus selbstverständlich zu uns nach Hause einladen – als zuvorkommende und gastfreundliche Menschen? Der Pharisäer ist ja kein Zerrbild bei Lukas, er ist ein freundlicher Gastgeber. Er ist interessiert an einem kultivierten Dialog mit einem spannenden Gesprächspartner. Höflich, offen und doch wird er so beschämt, weil Jesus offensichtlich die Hure vorzieht. Was kann uns der Text sagen, uns, als Gemeinde in Oranienburg? Welche Perspektive sollten wir einnehmen, die der Sünderin? Die des Pharisäers? Welche passt eher zu uns? Und: Wenn wir uns nicht für die Perspektive der Sünderin entscheiden, hat uns dann das Evangelium überhaupt etwas zu sagen? Ist es dann für uns noch überhaupt ein Evangelium, eine gute Nachricht? Oder nur eine für die wirklich großen Sünder?

Sehen wir jedoch noch einmal genauer in unsere Geschichte hinein, so können wir etwas anderes lesen. Zum Pharisäer sagt Jesus: „Ich bin in dein Haus gekommen; du hast mir kein Wasser für meine Füße gegeben; diese aber hat meine Füße mit Tränen benetzt und mit ihren Haaren getrocknet. 45Du hast mir keinen Kuß gegeben; diese aber hat, seit ich hereingekommen bin, nicht abgelassen, meine Füße zu küssen. 46Du

hast mein Haupt nicht mit Öl gesalbt; sie aber hat meine Füße mit Salböl gesalbt.
47Deshalb sage ich dir: Ihre vielen Sünden sind vergeben, denn sie hat viel Liebe gezeigt; wem aber wenig vergeben wird, der liebt wenig."

Jesus Argument ist nicht einfach, dass er die größere Sünderin mehr liebt, sondern es ist umgedreht, die größere Sünderin hat ihm gegenüber mehr Liebe gezeigt.

Hier zeigt sich ein Phänomen, das wir alle immer wieder erfahren. Je mehr die Menschen haben, umso schwerer fällt es ihnen oftmals abzugeben. Je besser es ihnen geht, umso missmutiger werden sie, umso größer sind ihre Zukunftsängste. Je sicherer wir leben, umso größer die Angst.

Die ganze Hingabe, mit der die Sünderin sich Jesus zuwendet, die hätte der Pharisäer wohl für völlig unangemessen erachtet. Manche Christen haben aus diesen Erfahrungen immer wieder die Konsequenz gezogen, dass es besser ist, nichts zu haben. Der Menschensohn hatte schließlich auch nichts, wo er sein Haupt hinlegen konnte. Ganze Nachfolge ist in ganzer Armut am besten möglich. So die Überzeugung der Bettelmönche, z.B. der Franziskaner.

Paulus zeigt den Korinthern noch eine andere Möglichkeit: „Das sage ich aber, liebe Brüder: Die Zeit ist kurz. Fortan sollen auch die, die Frauen haben, sein, als hätten sie keine; und die weinen, als weinten sie nicht; und die sich freuen, als freuten sie sich nicht; und die kaufen, als behielten sie es nicht; und die diese Welt gebrauchen, als brauchten sie sie nicht."

Wenn wir wissen, was tatsächlich in unserem Leben zählt, können wir auch in dieser Welt, in dieser Gesellschaft leben. Wichtig ist es, sich etwas von der Begeisterung von Jesus zu bewahren. Sich nicht auffressen lassen, von den Dingen. Ja, wir können die Dinge gebrauchen; unser Herz sollen sie aber nicht bestimmen! Von manchen wird das als Naivität belächelt werden. Als Leichtgläubigkeit vielleicht. Und doch, wenn wir uns diese Begeisterung bewahren können, so wird der Funke immer wieder auch überspringen. Das nicht zurückgezahlte Darlehen, das wir einem Menschen in Not gewährt haben, das bringt uns nicht um. Das nicht gewährte Darlehen für einen Menschen in Not, das kann ein Stück wahres Leben kosten.

Und dennoch wissen wir, wird im Himmel die Freude größer sein über einen Sünder, der Buße tut. Mehr als über neunundneunzig Gerechte, die der Buße nicht bedürfen. Aber was hindert uns denn daran uns mitzufreuen?

Amen.

Gesetz und Evangelium – Die 10 Gebote (2. Mose 20, 1-17)[23]

Text

1Und Gott redete alle diese Worte:

2Ich bin der HERR, dein Gott, der ich dich aus Ägyptenland, aus der Knechtschaft, geführt habe.3Du sollst keine anderen Götter haben neben mir.

4Du sollst dir kein Bildnis noch irgendein Gleichnis machen, weder von dem, was oben im Himmel, noch von dem, was unten auf Erden, noch von dem, was im Wasser unter der Erde ist: 5Bete sie nicht an und diene ihnen nicht! Denn ich, der HERR, dein Gott, bin ein eifernder Gott, der die Missetat der Väter heimsucht bis ins dritte und vierte Glied an den Kindern derer, die mich hassen, 6aber Barmherzigkeit erweist an vielen tausenden, die mich lieben und meine Gebote halten.

7Du sollst den Namen des HERRN, deines Gottes, nicht mißbrauchen; denn der HERR wird den nicht ungestraft lassen, der seinen Namen mißbraucht.

8Gedenke des Sabbattages, daß du ihn heiligest.9Sechs Tage sollst du arbeiten und alle deine Werke tun. 10Aber am siebenten Tage ist der Sabbat des HERRN, deines Gottes. Da sollst du keine Arbeit tun, auch nicht dein Sohn, deine Tochter, dein Knecht, deine Magd, dein Vieh, auch nicht dein Fremdling, der in deiner Stadt lebt. 11Denn in sechs Tagen hat der HERR Himmel und Erde gemacht und das Meer und alles, was darinnen ist, und ruhte am siebenten Tage. Darum segnete der HERR den Sabbattag und heiligte ihn.

12Du sollst deinen Vater und deine Mutter ehren, auf daß du lange lebest in dem Lande, das dir der HERR, dein Gott, geben wird.

13Du sollst nicht töten.

14Du sollst nicht ehebrechen.

15Du sollst nicht stehlen.

16Du sollst nicht falsch Zeugnis reden wider deinen Nächsten.

17Du sollst nicht begehren deines Nächsten Haus. Du sollst nicht begehren deines Nächsten Weib, Knecht, Magd, Rind, Esel noch alles, was dein Nächster hat.

[23] Gottesdienst in der Nikolaikirche Oranienburg, 18. Sonntag nach Trinitatis, 25. 09. 2005.

Predigt

Ihr Lieben,

was für eine Gelegenheit ist so ein Predigttext, der ganzen Gemeinde mal wieder richtig ins Gewissen zu reden! Und wenn wir es uns durch den Kopf gehen lassen: Haben wir nicht hier und dort gegen eines der Gebote verstoßen? Lassen wir diese Gelegenheit für heute verstreichen.

Die zehn Gebote sind vielleicht der zentrale Text des Alten Testaments. Sie sind von so großer Bedeutung, dass sie gleich zweimal dort stehen. Einmal im zweiten Buch Mose und einmal im fünften. Sie sind beinahe identisch und doch gibt es einige markante Unterschiede in beiden Fassungen. Z. B. wird in der Fassung unseres Predigttextes das Gebot der Sabbatheilung mit dem Ruhen Gottes am 7. Schöpfungstag begründet. Im fünften Buch Mose jedoch mit dem Gedenken an die Befreiung aus Ägypten.

Eine weitere Umstellung, die viel zu denken aufgibt, findet sich im letzten Gebot. In der Fassung unseres Predigttextes ist die Reihenfolge: „Du sollst nicht begehren Deines Nächsten Haus. Du sollst nicht begehren deines nächsten Weib, Knecht, Magd, Rind, Esel noch alles, was dein Nächster hat."

Im fünften Buch Mose heißt es: „Du sollst nicht begehren Deines nächsten Weib. Du sollst nicht begehren deines Nächsten Haus, Acker, Knecht, Magd, Rind, Esel noch alles, was sein ist."

Hier könnten wir nun die Entwicklung untersuchen, die dazu geführt hat, dass die Ehefrau nun nicht mehr einfach als Besitz unter dem Hausrat subsummiert wird, sondern immerhin einen eigenen Absatz erhält, während unser Predigttext an erster Stelle noch das Haus nennt und das „Weib" gerade noch vor Knecht und Rind positioniert.

Auch dies wollen wir hier nicht untersuchen. Wenn Sie mögen, können Sie ja zu Hause einmal beide Fassungen wie ein Suchbild miteinander vergleichen.

Ich möchte noch einmal auf die zentrale Stellung dieser Gebote zurückkommen. Zentral sind diese Gebote im – wie wir sagen – „Alten Testament". Der Titel „Altes Testament" deutet schon darauf hin: Wo es etwas Altes gibt, wird es auch etwas Neues geben. Das „Neue Testament" und wie das mit Testamenten so ist, ein altes Testament wird ungültig, wenn ein neues gemacht worden ist. Was soll uns also noch das Alte Testament sagen?

Gern wird auch das Alte Testament oder zumindest die fünf Bücher Mose als „Gesetz“ bezeichnet. Wie wir als gute evangelische Christen im Lande Luthers wissen, ist das Gesetz freilich überboten worden vom Evangelium. Was soll uns also noch das Gesetz, wo wir doch von der Gnade Gottes im Evangelium erfahren haben, während das Gesetz noch dem Motto „Auge um Auge, Zahn um Zahn“ frönt? Die Zehn Gebote das ist nun der Kern des Alten Testaments, der Kern des Gesetzes. Sind sie nicht durch die gute Botschaft des Jesus von Nazareth überflüssig geworden?

Der weise Kirchenlehrer Thomas von Aquin hatte sich das ungefähr so gedacht: Das Gesetz Gottes ist so vernünftig, dass man es im Prinzip auch auf natürlichem Wege, also ganz ohne besondere Offenbarung, erkennen könnte. Im Prinzip hätten es schon die alten Griechen erkennen können. Und sie haben es ja auch, denn Rechtsordnungen, die das Morden, Ehebrechen, Stehlen, Lügen verbieten finden sich überall. Überall wird allerdings auch dagegen verstoßen. Und so konnten sowohl die Heiden, die Gottes Gesetz auf dem Wege der Vernunft erkannt hatten, als auch die Juden, denen Gott sein Gesetz ausdrücklich gegeben hatte, nur an diesem Gesetz scheitern und verzweifeln. Mit dem Evangelium jedoch kommt etwas, was der Mensch nicht mit seiner Vernunft herausfinden kann und etwas, das auch über das Gesetz des Alten Testamentes hinausgeht. Gott nämlich vergibt und hat auch die Sünder lieb. Auch wenn jemand gegen Gottes Gebot verstößt, so wird er deshalb nicht verstoßen. Luther, der das ganz ähnlich sah, meinte, dass auch durch das Evangelium befreiter Mensch jedoch eine Art Handlungsrichtschnur brauche, die sei jetzt eben das Gesetz. Früher dagegen sei es ein eigentlich unerfüllbares Gesetz gewesen und jeder, der an ihm scheiterte, war automatisch verdammt. Da durch seine Wiederentdeckung des Evangeliums – der „Guten Botschaft“ –, dass Gott die Menschen nicht wegen ihrer Gerechtigkeit annimmt, sondern das genau umgekehrt, Gottes sonderbare Gerechtigkeit gerade darin besteht, den Menschen vorbehaltlos anzunehmen, auch wenn dieser nicht gerecht ist und es vielleicht auch gar nicht sein kann, da durch diese Wiederentdeckung, die auch die Kirche seiner Zeit verstellt hatte, nun die Kraft des Evangeliums neu leuchtete, sollten sich doch auch die Juden schnellstmöglich taufen lassen, damit auch sie nicht nur vom Zorn Gottes, sondern auch von seiner Gnade etwas abbekämen. Es gab in dieser Zeit jede Menge Disputationen zwischen Juden und Christen, in welche die christlichen Theologen ganz zuversichtlich gingen, weil sie nun endlich den Anhängern des Gesetzes die gute Botschaft der Erlösung vom Gesetz bringen konnten. Das Erstaunen darüber, dass die Juden gar nicht so begeistert zum christlichen Glauben übertraten, war groß und aus diesem Erstaunen wurde oft auch Wut auf diese verstockten Juden. Bei Luther selbst finden sich in diesem

Zusammenhang Sätze, die gerade in deutschen Ohren nach der versuchten Vernichtung der europäischen Juden unerträglich klingen.

Verweilen wir noch einen Moment bei dieser Beziehung von Gesetz und Evangelium. Sie scheinen sich auszuschließen, so haben wir eben gehört. Zwar hat das Gesetz auch noch nach dem Evangelium eine Funktion, und zwar jene einer Wegweisung, aber es führt nicht mehr geradewegs in die Hölle, weil wir seit Jesus wissen, dass Gott die Menschen, die Sünder liebt. Diejenigen, die das nicht wissen, denen muss das Gesetz eigentlich Höllenqualen bereiten, eben deshalb, weil es nicht einzuhalten ist.

Wenn wir jedoch noch einmal genauer nachfragen, woher wissen wir eigentlich vom Evangelium? So ist die Antwort für uns Christen klar. Für uns ist Jesus von Nazareth, der Christus, der Gesalbte Gottes, in dessen Tun und Reden sich die gute Botschaft offenbart. Das sagen wir, wenn wir uns als Christen bezeichnen.

Aber woher wusste es dieser Jesus von Nazareth? Nun könnten wir antworten: Von Gott, den er als seinen lieben Vater bezeichnete. Aber woher wusste er von Gott und davon, dass dieser ihm und uns wie ein Vater ist? Jesus selbst gibt an vielen Stellen in den Evangelien die Antwort darauf. Immer wieder beruft er sich dort auf seine Bibel und seine Bibel, das war der Teil der Bibel, den wir heute als Altes Testament bezeichnen. Das Neue gab es da ja noch gar nicht. Die Bibel Jesu, das ist das Gesetz. Aber wie liest Jesus das vermeintliche Gesetz? Er liest es so, dass es unser Evangelium wird. In gewisser Weise ist die ganze Bergpredigt eine Auslegung unserer 10 Gebote. Eine Auslegung, die das Evangelium mitten im Zentrum des „Gesetzes" findet.

Und wenn wir uns noch einmal an das Gespräch von Jesus mit dem Schriftgelehrten erinnern, das wir in der Evangelien-Lesung gehört haben, so unterhalten sich da beide darüber, was denn das höchste Gebot sei, und sie sind sich ganz einig darin. Es sind hier also zwei Schriftgelehrte, die sich über die Heilige Schrift austauschen. Beide interpretieren sie gleich. Und die Geschichte endet mit den Worten: „34Als Jesus aber sah, daß er verständig antwortete, sprach er zu ihm: Du bist nicht fern vom Reich Gottes."

Sehen wir zum Abschluss noch einmal den Anfang unseres Predigttextes, den Anfang der Zehn Gebote an, so finden wir dies Evangelium dort ganz deutlich beschrieben: „2Ich bin der HERR, dein Gott, der ich dich aus Ägyptenland, aus der Knechtschaft, geführt habe." Das hat Gott seinem Volk Gutes getan. Ohne Verdienst, ohne Einhaltung des Gesetzes (die zehn Gebote kamen ja erst später am Sinai). Gott handelt schon immer gnädig und gütig. Er nimmt seine Menschen an. Er führt sie heraus aus Bedrückung, aus Not und Angst. Er will nicht, dass sie darin verharren müssen. Gott ist ein Gott der befreit! In diesem Rahmen stehen die zehn Gebote oder „Weisungen", wie es Martin Buber übersetzt hat. Unser menschliches Leben braucht bestimmte Regeln. Regeln, auf die wir uns verlassen können. Sicherlich werden Regeln nicht immer eingehalten. Aber Gottes Liebe gilt uns doch. Er stellt sich uns vor als der Gott, der uns aus Ägyptenland, aus der Knechtschaft führt. Es ist der Gott Jesu Christi, der hier spricht. Er ist kein anderer im Gesetz und sein Altes Testament ist auch nicht überholt. Vielleicht macht uns das Neue Testament jedoch einiges noch einmal deutlicher von dem, was auch schon im Alten stand und vielleicht ein wenig in Vergessenheit geraten ist.

Luther übrigens wusste das, wenn er sagte, das was „Christum treibet, ist das Kriterium dafür, was das Evangelium ist." Ganz gleich, ob es im Alten oder Neuen Testament steht.

Amen.

Verzweiflung (Klagelieder 3,22-26, 31-32)[24]

Text

22) Die Güte des Herrn ists, dass wir nicht gar aus sind. Seine Barmherzigkeit hat noch kein Ende,

23) sondern sie ist alle Morgen neu, und deine Treue ist groß.

24) Der Herr ist mein Teil, spricht meine Seele, darum will ich auf ihn hoffen.

25) Denn der Herr ist freundlich dem, der auf ihn harrt und dem Menschen, der nach ihm fragt.

26) Es ist ein köstlich Ding, geduldig sein und auf die Hilfe des Herrn hoffen.

31) Denn der Herr verstößt nicht ewig;

32) Sondern er betrübt wohl und erbarmt sich wieder nach seiner großen Güte.

Predigt

Die Güte des Herrn ist‘s, dass wir nicht gar aus sind.

Da ist Bill, der in New Orleans den Wirbelsturm Katrina knapp überlebt hat, seine Familie sucht er noch in den zerstörten Häusern. - Die Güte des Herrn ist‘s, dass wir nicht gar aus sind.

Da ist Mascha, die die Geiselnahme von Beslan und die „Befreiung“ durch Putins Truppen überlebt hat. - Die Güte des Herrn ists, dass wir nicht gar aus sind.

Da ist Sabin, die in Niger zwar die Hilfsstation erreicht hat, für Ihr Baby aber keine Nahrung bekommt, weil es ja noch Kraft zu Schreien hat. - Die Güte des Herrn ist‘s, dass wir nicht gar aus sind.

Da ist Ursula, deren Haus im 2. Weltkrieg zerstört wurde, die im Keller überlebte und deren Mann im Krieg geblieben ist. - Die Güte des Herrn ist‘s, dass wir nicht gar aus sind.

Da ist der Beter der Klagelieder, der bis zuletzt auf die Rettung gehofft hatte, der dann erfuhr, wie die Verbündeten Jerusalem im Stich ließen und der dann mit erleben musste, wie die Stadt mit dem Tempel Gottes überrannt und eingenommen wurde. - Die Güte des Herrn ists, dass wir nicht gar aus sind.

---

[24] Gottesdienst in der Nikolaikirche Oranienburg, 16. Sonntag nach Trinitatis, 11. 09. 2005

Es ist schwer, von außen in diesen Schicksalen die Güte der Herrn am Werk zu sehen. Ist es nicht viel mehr der Hohn des Herrn? Alles um mich versinkt im Chaos, nur ich bin knapp mit dem Leben davongekommen. Sieht so die Güte des Herrn aus? Von außen kann man solche Sätze nicht sagen. Sie trösten da nicht, sie provozieren nur. Dennoch kann unser Beter in den Klageliedern ihn aussprechen. Er kann es, nachdem er Gott seine ganze Verzweiflung geklagt hat.

1) Ich bin der Mann, der Elend sehen muss durch die Rute des Grimmes Gottes.

2) Er hat mich geführt und gehen lassen in die Finsternis und nicht ins Licht.

3) Er hat seine Hand gewendet gegen mich und erhebt sie gegen mich Tag für Tag. Er hat mir Fleisch und Haut alt gemacht und mein Gebein zerschlagen.

4) Er hat mich ringsum eingeschlossen und mich mit Bitternis und Mühsal umgeben.

5) Er hat mich in Finsternis versetzt wie die, die längst tot sind.

Hier spricht einer, der Gott viel zutraut. Gott lenkt das Schicksal seines Volkes. In guten wie in schweren Tagen. Es ist nicht so, dass sich unser Beter hier auf einen Widersacher Gottes herausreden würde, der angeblich Gott ins Handwerk gepfuscht hat, sondern Gott selbst ist verantwortlich für all das Leid, das über den Beter gekommen ist. Er nimmt Gott nicht in Schutz, er sucht keine Ausrede für Gott. Gott kann sich nicht verstecken vor ihm. Gott muss die Klage aushalten, wie der Beter das Leid aushalten muss – wie Bill, Mascha, Sabin und Ursula ihr Leid aushalten müssen. Vor seinem Leid kann niemand fliehen, vor der Klage kann Gott nicht fliehen, er muss sich ihr stellen.

Und doch antwortet Gott nicht auf das Leid und das Klagen des Beters:

8) Und wenn ich auch schreie und rufe, so stopft er sich die Ohren zu vor meinem Gebet.

Gott stopft sich die Ohren zu. Er hat uns verlassen. Er will nichts mehr von uns wissen. Immer wieder haben Menschen diese Erfahrung mit Gott gemacht. Schon ganz am Anfang der Bibel wird von einer großen Flut erzählt, die Gott über Mensch und Tiere kommen ließ. Hiob später macht die Erfahrung, dass Gott sich von ihm abgewendet hat. Der Beter unseres Klageliedes stößt bei Gott auf verstopfte Ohren. Die Jünger am Karfreitag sehen sich von Gott verlassen. Bill, Mascha, Sabin und Ursula, ob sie Gottes Gegenwart spüren? Oder ob sie meinen, er habe sich von ihnen abgewandt? Und wir selber: Hört uns Gott zu? Ist er uns treu?

9Er hat meinen Weg vermauert mit Quadern und meinen Pfad zum Irrweg gemacht.

10Er hat auf mich gelauert wie ein Bär, wie ein Löwe im Verborgenen.

11Er läßt mich den Weg verfehlen, er hat mich zerfleischt und zunichte gemacht.

12Er hat seinen Bogen gespannt und mich dem Pfeil zum Ziel gegeben.

13Er hat mir seine Pfeile in die Nieren geschossen.

Gott, Du bist schuld, sagt der Beter, Du bist schuld, dass es mir so dreckig geht, dass ich nicht weiß, ob ich mit heiler Haut davon komme, dass mein ganzes Leben, so wie ich es bisher kannte, nicht mehr ist. Nicht nur, dass Du tatenlos zusiehst, sondern Du selbst stürzt mich ins Elend. Es gibt für den Beter hier kein Halten mehr, keine Rücksichten mehr gegenüber Gott. Seien es nun falsche oder echte Rücksichten, der Beter ist rücksichtslos. Er hat die letzten Hemmungen verloren und klagt nicht nur vor sich hin, nein, er klagt an! Er klagt nicht an das fremde Volk, das seine Heimat überfällt – was ist von den Babyloniern schon anderes zu erwarten? Aber dass Gott dies zugelassen hat, dass Gott dies möglich gemacht hat, das ist für ihn das Unglaubliche daran. Nein, Gott ist der richtige Adressat der Klage. An ihn richtet sich die Klage, da kann er sich noch so lange die Ohren verstopfen.

14Ich bin ein Hohn für mein ganzes Volk und täglich ihr Spottlied.

15Er hat mich mit Bitterkeit gesättigt und mit Wermut getränkt.

16Er hat mich auf Kiesel beißen lassen, er drückte mich nieder in die Asche.

Wer den Schaden hat, braucht für den Spott nicht zu sorgen. Der kommt von ganz allein. Unser Beter hat das am eigenen Leib erfahren. Nein, es ist kein angenehmes Gefühl, wenn man zu der Katastrophe, die einen ereilt hat, auch noch zum Gespött der Leute geworden ist. Überall krauchen sie jetzt hervor, die es natürlich „schon immer gewusst haben“, die es „ja gleich gesagt haben“, auch wenn man das damals gar nicht so laut vernommen hat. Jetzt zerreißen sie sich geflissentlich die Mäuler; „das konnte ja nicht gut gehen“, „hätte er damals nur auf uns gehört“.

17Meine Seele ist aus dem Frieden vertrieben; ich habe das Gute vergessen.

18Ich sprach: Mein Ruhm und meine Hoffnung auf den HERRN sind dahin.

Dies klingt endgültig, als sprächen hier geschiedene Leute. Gibt es da noch etwas zu sagen? Nach all dieser Anklage? Ist da nicht das Tischtuch zerrissen? Keine Gemeinschaft mehr möglich?

19Gedenke doch, wie ich so elend und verlassen, mit Wermut und Bitterkeit getränkt bin!

20Du wirst ja daran gedenken, denn meine Seele sagt mir's.

21Dies nehme ich zu Herzen, darum hoffe ich noch:

Gott hat die Klage ausgehalten. Er hat nicht nur die Klage, sondern auch die Anklage ausgehalten. Der Beter hat Gott nicht geschont. Ob es gerecht war, was der Beter Gott vorgeworfen hat? Gott jedenfalls hat sich nicht beleidigt abgewandt. Seine Seele sagt es dem Beter: Gott wird daran gedenken, wie elend und verlassen er ist. Seine Seele sagt es ihm. Nachdem alles herausgeschrien ist, was ihm auf der Seele lag, was ihm auf der Seele brannte, kann er wieder hören, was da tief auf ihrem Grunde noch ist. Die Zuversicht, dass Gott noch hören wird.

Gott ist ein starker Partner. Er kann etwas aushalten. Ihn brauchen wir nicht zu schonen. Auf ihn brauchen wir keine falschen Rücksichten zu nehmen. Selbst wenn Lebensprojekte scheitern, alles, was das Leben gut und wichtig gemacht hat, in Trümmern liegt und all dies Gott an den Kopf geknallt wird. Auch dann rückt er nicht ab. Vielleicht merken wir gerade dann, was wir an ihm haben. Vielleicht können wir erst dann wieder leise zu ihm durchdringen, wenn die Brocken von unserer Seele gefallen sind. Auf ihn können wir sie werfen oder wälzen. Die Brocken, die zu groß sind für uns selber und die uns zu ersticken drohen. Wenn sie weg sind, werden wir frei, wieder den Geist Gottes zu bemerken, der uns umweht. Und so hoffen wir mit Bill, Mascha, Sabin und Ursula, dass sie die Kraft finden, ihr Leid herauszuklagen, lauthals anzuklagen und vielleicht eines Tages einstimmen zu können mit dem Beter:

22) Die Güte des Herrn ist's, dass wir nicht gar aus sind. Seine Barmherzigkeit hat noch kein Ende,

23) sondern sie ist alle Morgen neu, und deine Treue ist groß.

24) Der Herr ist mein Teil, spricht meine Seele, darum will ich auf ihn hoffen.

25) Denn der Herr ist freundlich dem, der auf ihn harrt und dem Menschen, der nach ihm fragt.

26) Es ist ein köstlich Ding, geduldig sein und auf die Hilfe des Herrn hoffen.

31) Denn der Herr verstößt nicht ewig;

32) Sondern er betrübt wohl und erbarmt sich wieder nach seiner großen Güte.

Amen.

Ich kann nicht immer daran denken... (Mk. 14 3-9)[25]

Text

Ihr habt allezeit Arme bei euch, und wenn ihr wollt, könnt ihr ihnen Gutes tun; mich aber habt ihr nicht allezeit. (Mk. 14 3-9)

Predigt

Ich mag nicht an die Tiere denken,
die im Labor dahinvegetieren.
Ich möchte sorglos meiner Liebsten
französisches Parfüm spendieren.

In der Zeit als Gerhard Schöne dieses Lied geschrieben hat, gab es französisches Parfüm nur im Intershop. Er hätte das gute Westgeld dafür ausgeben müssen, oder die sauer verdiente Mark der DDR 1:10 in DM umtauschen müssen; für ein paar Tropfen Öle und Essenzen. Wie viele Brote hätte er dafür bekommen, noch dazu bei den gestützten Preisen für Grundnahrungsmittel in der DDR? Er hätte das Geld auch Spenden können an Brot für die Welt. Und darüber hinaus wusste er, dass in den Laboren der Chemiekonzerne die Parfüms auf Hautunverträglichkeiten an Tieren getestet werden. Durch den Kauf des Parfüms macht er sich mitschuldig an der Tierquälerei. Und trotzdem, trotz alledem, möchte er seiner Liebsten diesen betörenden Duft spendieren. Er möchte ihr etwas Gutes tun, seiner überschwänglichen Liebe Ausdruck verleihen, in einer Gabe, die selbst der reine Überschwang ist.

So ähnlich war es damals in Betanien, als Jesus bei einem Aussätzigen zu Gast war. Da kam diese Frau herein, hatte eine Flasche kostbarstes Öl dabei und salbte damit Jesus. Natürlich kam sofort der Vorwurf der Jünger, die ja Jesus kannten in seinem Einsatz für die Armen. Er hatte es einem reichen Jüngling sogar als den Weg zum wirklichen Leben angepriesen, alles, was er hat zu verkaufen und es den Armen zu geben. Zachäus der Zöllner, dessen Leben die Begegnung mit Jesus auch verändert hatte, auch der hatte die Konsequenz gezogen, die Hälfte von seinem Besitz den Armen zu geben. Natürlich machen die Jünger der Frau Vorwürfe, wie sie nur das kleine Vermögen verschwenden könne an einen, der doch auf etwas ganz anderes Wert legt.

[25] Andacht für die „Frohe Botschaft“, 112. Jg. 03. 04 2011.

Aber seltsamer Weise gibt Jesus dieser Frau recht und nicht den Jüngern. Der verschwenderische Umgang mit kostbarem Öl spricht mehr als tausend Worte von dem vollen Zutrauen, das die Frau zu Jesus hat. Es ist nicht so, dass Jesus damit allen schwelgerischen Luxus gutheißen würde, vielmehr ist es gerade weil man weiß, dass dies alles andere als selbstverständlich ist. Gerade deshalb kann man diese Gabe als etwas ganz besonderes wertschätzen. Diese Gabe ist ein Zeichen des ganz Besonderen mitten in unserem Leben. Es ist Ausdruck der verschwenderischen Liebe und damit Zeichen des Lebens in Fülle. Des Lebens, wie es Jesus als von Gott gewollt lebt. Diese Fülle bekommt gerade dadurch ihr Besonderes, weil wir wissen, dass sie nicht selbstverständlich ist. Sie ist etwas Besonderes, eine Ausnahme, aber eine solche Ausnahme, die wir brauchen, um uns danach auch wieder den hungernden Kindern zuwenden zu können. Oder wie es Gerhard Schöne gedichtet hat:

Ich lese gerne Speisekarten
und freue mich aufs leckere Essen
und kann und darf die um ihr Breichen
betrognen Kinder nicht vergessen.

Amen.

Jenseitsvertröstung? Neuer Himmel – Neue Erde (Jes. 65, 17-25)[26]

Text

Verheißung eines neuen Himmels und einer neuen Erde

17 Denn siehe, ich will einen neuen Himmel und eine neue Erde schaffen, dass man der vorigen nicht mehr gedenken und sie nicht mehr zu Herzen nehmen wird. 18 Freuet euch und seid fröhlich immerdar über das, was ich schaffe. Denn siehe, ich will Jerusalem zur Wonne machen und sein Volk zur Freude, 19 und ich will fröhlich sein über Jerusalem und mich freuen über mein Volk. Man soll in ihm nicht mehr hören die Stimme des Weinens noch die Stimme des Klagens. 20 Es sollen keine Kinder mehr da sein, die nur einige Tage leben, oder Alte, die ihre Jahre nicht erfüllen, sondern als Knabe gilt, wer hundert Jahre alt stirbt, und wer die hundert Jahre nicht erreicht, gilt als verflucht. 21 Sie werden Häuser bauen und bewohnen, sie werden Weinberge pflanzen und ihre Früchte essen. 22 Sie sollen nicht bauen, was ein anderer bewohne, und nicht pflanzen, was ein anderer esse. Denn die Tage meines Volks werden sein wie die Tage eines Baumes, und ihrer Hände Werk werden meine Auserwählten genießen. 23 Sie sollen nicht umsonst arbeiten und keine Kinder für einen frühen Tod zeugen; denn sie sind das Geschlecht der Gesegneten des HERRN, und ihre Nachkommen sind bei ihnen. 24 Und es soll geschehen: Ehe sie rufen, will ich antworten; wenn sie noch reden, will ich hören. 25 Wolf und Schaf sollen beieinander weiden; der Löwe wird Stroh fressen wie das Rind, aber die Schlange muss Erde fressen. Sie werden weder Bosheit noch Schaden tun auf meinem ganzen heiligen Berge, spricht der HERR.

Predigt

Ihr Lieben,

was für eine Welt malt hier Jesaja aus! Eine Traumwelt, könnte man sagen. Eine Gegenwelt. Eine Welt, in der alles anders ist als in unserer, besser als in unserer. Von solchen anderen Welten zu träumen, Gegenentwürfe zu unserer Welt zu machen, Welten zu denken, die besser sind als die, in denen wir leben, das ist ein wunderbares Vermögen des Menschen. Menschen gehen nicht im Hier und Jetzt auf. Sie haben einen Horizont, der über den Augenblick hinausreicht. Sie leben nicht vom Brot allein. Sie haben Fantasien, Wünsche und Träume, die sich nicht eingrenzen lassen auf die Gegenwart. Ich möchte Euch bitten, dass Ihr für einen Moment überlegt, träumt, fantasiert, was für Euch an einer neuen Welt wichtig wäre, was ihr dort anders haben wollt. Worin sollte sich Eure Traumwelt von unserer Wirklichkeit unterscheiden?

[26] Gottesdienst in Schmachtenhagen, Letzter Sonntag im Kirchenjahr am 26. 11. 2006.

Überlasst Euch einen Moment Euren Gedanken. Keine Angst, es wird nachher nicht gefragt, was es ist, dass Ihr Euch vorstellt. Es wäre nur gut, wenn jeder ein oder zwei Wünsche für eine andere bessere Welt hätte – wie realistisch oder unrealistisch sie auch sein mögen.

Eine der älteste Kritiken, die uns Christen und mit uns die meisten Religionen trifft, ist die, dass wir eine Jenseitsvertröstung betreiben würden. D.h. wir würden die schlechte Gegenwart ertragen, indem wir eine rosige Zukunft im Jenseits uns ausmalten, oder schlimmer noch, die Religion würde die Armen und Unterdrückten auf ein Jenseits vertrösten, in dem diese Ungerechtigkeit ausgeglichen wird. Zugleich aber würde dies vertrösten unsere Systeme der Ungerechtigkeit stützen. Wir kennen den Vorwurf alle in der Fassung wie ihn Karl Marx formuliert hat – Religion sei das Opium des Volkes. Der Marxismus hat daraus gemacht, Religion sei das Opium für das Volk. Der Unterschied liegt auf der Hand. In der Fassung wie wir sie bei Marx finden, ist Religion ein Mittel, über die trostlose Gegenwart hinwegzutäuschen. Das Opium bekämpft zwar nicht die Ursachen, aber es lässt einen eine Weile die Not und den Hunger vergessen, so dass man irgendwann auch wieder in die triste Gegenwart hinausgehen kann. Freilich schwingt auch die Dimension mit, dass so ein Opium abhängig macht, süchtig. Und das ist fatal in den Opiumhöhlen der Großstädte Chinas, wenn der Familienvater und Ernährer als Tagelöhner der Opiumsucht erlegen war. Im Westen dagegen, im London von Karl Marx, konnten sich die Arbeiter gar kein Opium leisten. Opium war die Droge der Reichen. Religion dagegen war billig zu haben. Religion, das ist das Opium des Volkes, das Mittel, das es auch dem Volk erlaubt, einmal den Alltag zu vergessen bevor man ihn wieder aushalten muss. Schlimmer ist allerdings, wenn dieses Mittel bewusst eingesetzt wird, um das Volk ruhig zu halten; wenn Menschen wie unter Opium davon abgehalten werden sollen, ihre wirkliche Lage skandalös zu finden, dagegen aufzubegehren, zu sagen, dass dies nicht menschenwürdig sei, wie Menschen leben müssen. So sehr es uns wurmt, wir werden eingestehen müssen, dass Religion und sogar der christliche Glaube dazu missbraucht werden konnte. Die Hoffnung auf die andere Welt als eine Beruhigungspille, ein Schlafmittel, das Menschen eingeflößt werden kann, damit sie ruhig bleiben. Es ist wie bei der Büchse der Pandora. Die Hoffnung, die zuletzt aus ihr entflieht, die machte es, dass das Leben für die Menschen überhaupt erträglich wurde, bei all der Not und dem Leid.

Die Frage ist aber, ob es eigentlich besser ist, wenn die Hoffnungen und Wünsche sich erfüllen. Der Volksmund sagt es schon: Es gibt nur zwei Unglücke auf der Welt. Das eine sei, dass sich Deine Wünsche nicht erfüllen, das andere sei, dass sie sich erfüllen.

Das letztere sei das größere Unglück. Wenn wir noch einmal auf den Predigttext sehen und wenn wir dann unsere Nachrichten anschauen, dann kann man den Eindruck bekommen, dass da etwas dran sei. Jesaja spricht von einer Welt, in der keine Alten mehr da sein sollen, die ihre Jahre nicht erfüllen, sondern als Knabe gilt, wer hundert Jahre alt stirbt und wer die hundert Jahre nicht erreicht, gilt als verflucht. Schauen wir unsere demoskopischen Studien an, so ist diese Welt schon erreicht. Aber statt als Segen wird sie als Fluch verstanden. Es werden immer mehr Alte und die Alten werden immer älter und die Jungen werden auch nicht nur nicht jünger, sondern immer weniger und müssen für immer mehr Alte die Rente zahlen. Ja, hat das denn der Jesaja nicht bedacht? Vielleicht ist es aber auch so, dass wir zuweilen über dem ganzen Klagen den Segen vergessen. Denn das bedeutet, dass man heute nicht mehr an jeder Influenza stirbt, dass es eine Medizin gibt, die nicht nur Leben verlängern kann, sondern es ermöglicht, dass wir viel länger ein aktives, selbstgestaltetes Leben führen können. Das Alter ist nicht verschwunden, aber wir rechnen kaum noch damit, dass Menschen in der Blüte ihrer Jahre sterben. Was für Jesaja eine traumhafte Wunschvorstellung war – dass die Menschen ihr eigenes Alter erleben, sehen können, wie ihre Kinder und Enkel aufwachsen – das ist für uns normale Realität und wenn dies nicht so ist, so erfahren wir das, was für Jesaja das Normale war als unbegreifliche Ausnahme von dem, worauf wir doch ein Recht zu haben scheinen, wie alle anderen auch.

Ich will noch einmal zurück zu den Wünschen, zu der Vorstellung von einer anderen Welt. Die Religionskritik, die der Hoffnung von der anderen Welt vorwarf, sie sei Opium für das Volk, hatte bei vielen Christen tief gesessen. Wir müssen es auch heute noch selbstkritisch eingestehen, die Kirchen haben die große „soziale Frage" im Deutschen Kaiserreich nicht oder kaum gesehen und auch nicht sehen wollen. Das Bündnis von Thron und Altar war so eng, dass die im Elend lebenden Arbeiter der Kirche in Scharen den Rücken zuwandten, genug hatten von den Zuckerbergen, welche ihnen die Predigten des Raben in der Farm der Tiere versprachen und zu den Sozialdemokraten liefen, die handfestere Versprechen für eine bessere Zukunft abgaben. In gewisser Weise kann man sagen, dass es wiederum ein Marxist war, der die Rede von der Hoffnung intellektuell wieder salonfähig machte. Ernst Bloch hatte sich daran erinnert, dass die Hoffnung nicht nur eine Kraft ist, die ruhig stellt, sondern vor allem ist die Hoffnung eine Kraft, die Veränderung schafft. Das „Prinzip Hoffnung" nannte er sein großes Buch, in dem er diese Kraft der Hoffnung wiederentdeckte. Diese Kraft der Hoffnung ist eine Kraft, die Veränderung schafft, die befreit aus Unfreiheit, die tröstet, wo Leid ist, die Leben schafft, wo Tod ist. Diese Hoffnung kannte schon Jesaja. „Denn siehe, ich will einen neuen Himmel und eine neue Erde schaffen, dass man der vorigen nicht mehr gedenken und sie nicht mehr zu Herzen nehmen wird. 18 Freuet euch und seid fröhlich immerdar über das, was ich schaffe. Denn siehe, ich will Jerusalem zur Wonne machen und sein Volk zur Freude, 19 und ich will fröhlich sein über Jerusalem und mich freuen über mein Volk. Man soll in ihm nicht mehr hören die Stimme des Weinens noch die Stimme des Klagens.“

Gott ist es selbst, der hier diese neue Welt verspricht. Wir müssen sie nicht ganz alleine bauen, diese neue Welt. Es hängt nicht nur von uns ab, von unserem Vermögen und unserer Kraft, ob diese Welt kommt oder nicht, sondern Gott selbst hat sie uns zugesagt und versprochen. Es ist keine Welt, die nur ganz im Jenseits wäre. Spätestens von Jesus können wir wissen, dass sich dieses Gottesreich immer schon hier und heute unter uns ereignen kann, dass wir es schon hier erleben können, dass wir schon hier darauf hin arbeiten können, ja, dass es sich sogar durch uns ereignen kann. Diese unbändige Kraft der Hoffnung, die sich nicht zufrieden gibt mit der Ungerechtigkeit und dem Leid in der Welt, die da anknüpft, wo wir jetzt schon Gerechtigkeit und Trost erfahren. Diese Kraft ist es, von der Jesaja spricht. Gott kommt mit diesem Reich auf uns zu. Er hat es uns zugesagt. Die Zukunft ist sein Land, heißt es in einem neuen Kirchenlied. Es ist keine Zukunft, in die vertröstet werden müsste. Es ist eine Zukunft, aus der Gott auf uns zukommt, eine Zukunft, die immer schon in unsere Gegenwart hineinreicht. Eine Zukunft, die uns selbst schon berühren, verändern, trösten, erlösen und befreien kann. Es ist eine Zukunft, an der wir teilhaben, die wir mitgestalten, in der Gott auf uns baut. Es ist eine Zukunft, in der die Wünsche, die wir uns vorhin überlegt haben, einen guten Platz haben werden.

Und es soll geschehen: Ehe sie rufen, will ich antworten; wenn sie noch reden, will ich hören.

Amen.

Heiligabendpredigten

Christvesper 2009[27]

Text
Denn es ist erschienen die heilsame Gnade Gottes allen Menschen. (Titus 2, 11)

Predigt
Ihr Lieben,

Weihnachten ist das Fest der Familie, na klar, des Friedens, auch wichtig, aber auch der Geschenke. Das wissen vor allem die Kinder, die uns mit ihrem Krippenspiel soeben ein wunderbares Geschenk gemacht haben. Aber die Kinder wissen auch noch mehr. Ihr wisst nämlich, weshalb wir uns zu Weihnachten Geschenke machen, oder?

Damit wir uns gegenseitig eine Freude machen.

Nun kann man das alte Spiel weitertreiben: Weshalb wollen wir uns eine Freude machen? Die Antwort habt Ihr uns eigentlich im Krippenspiel erzählt, weil Gott selbst uns eine große Freude gemacht hat. Daran denken wir zu Weihnachten. Wir denken daran, dass Gott uns eine Freude gemacht hat. Und zwar mit der Geburt von diesem Jesuskind, damals vor über 2000 Jahren. Ob es nun genau in diesem Stall war und ob es genau die Worte waren, die die Wirte gesagt haben, ist dabei gar nicht so wichtig. Dass Gott sich so verstanden wissen will, wie dieser Mensch Jesus ihn bekannt gemacht hat, wie er ihn geradezu mit dem eigenen Leben aufs Spiel gesetzt hat, das ist wichtig. Denn das ist das Geschenk, das Gott uns allen zu Weihnachten gemacht hat. Gott hat sich in die Karten schauen lassen, hat unser Generalsuperintendent Uli Schulz geschrieben und recht hat er. Wenn wir wissen wollen, wie dieser Gott ist, dann können wir auf Jesus schauen. Wir sehen da einen menschenfreundlichen Gott. Einen, der sich uns Menschen zuwendet, nicht, indem er alles plattwalzt und übermächtig daherkommt, sondern er setzt sich unserer und seiner Welt aus, geht mit uns mit und ist so bei uns. Im Titusbrief ist diese frohe Weihnachtsbotschaft von dem Geschenk Gottes in einem Satz zusammengefasst: Denn es ist erschienen die heilsame Gnade Gottes allen Menschen.

Amen.

---

[27] Lehnitz.

Christvesper 2008[28]

Ihr Lieben,

Das Weihnachtsfest ist eine fröhliche Angelegenheit! Gott ist Mensch geworden, Gott ist zu uns gekommen und will unter uns wohnen.

In den ältesten Schriften des Neuen Testaments ist von Weihnachten noch nicht die Rede; nicht einmal im ältesten Evangelium. Aber schon sehr früh fragten sich die ersten Christen, wie es denn nun eigentlich war mit der Geburt dieses Jesus, den sie als ihren Christus, ihren Messias, ihren Retter der Menschheit und als den Sohn Gottes erfahren hatten. Und so finden wir bereits im Matthäus- und im Lukasevangelium Beschreibungen von der Geburt des Jesuskindes.

Beide unterscheiden sich etwas und unser Krippenspiel hat Motive aus beiden Geburtsgeschichten mit aufgenommen. Bei Lukas sind es die Hirten, die neben der Heiligen Familie und den Engeln eine besondere Rolle spielen; bei Matthäus sind es die drei Weisen, die bei uns seit Jahrhunderten als Könige bezeichnet werden. Was sie nun genau sind, ist nicht so wichtig, sagt der Brief vom „Chef" in unserem Krippenspiel; aber dass sie alle kommen können zur Krippe, das ist wichtig.

Ärmlich ist der Ort, an dem Jesus zur Welt kommt. Eigentlich wäre für die Geburt des Sohnes Gottes ein Palast gerade gut genug gewesen, aber er kommt in einer einfachsten Behausung zu uns. Da können alle hinkommen, die noch den Kot der Schafe an den Füßen haben wie die, die kostbare Geschenke mitbringen.

Dass Jesu Geburt in einem Stall berichtet wird, bleibt eine Provokation, wie es im Leben Jesu immer wieder Provokationen gab. Provokation bedeutet, er ruft es heraus, er ruft uns heraus. Man kann diesem Jesus gegenüber kaum gleichgültig bleiben. Dieser Provokateur, dieser Herausforderer, der unsere Begriffe von Gerechtigkeit ebenso in Frage stellt, wie unsere Vorstellung von Vertrauen und Liebe, von dem wird berichtet, dass er in einem Stall geboren wird. Das ist nicht der Ort, wo wir den Sohn Gottes erwarten.

Dass Herodes ihn dort nicht erwartet und deshalb die Weisen zum Ausspionieren hinschickt, können wir uns leicht denken. Der König Herodes wird sich die Geburt eines neuen Königs nur in einem angemessenen Palast vorstellen können. Aber selbst die Hirten sind entrüstet. Sie hatten dem Engel fast schon geglaubt, in unserem

[28] Lehnitz.

Krippenspiel, aber als der dann berichtet, dass Jesus in einem Stall geboren wird, da sind sie einhellig entsetzt.

Einen Stall kennen die Hirten doch – Paläste kennen sie bestenfalls von Ferne – Ställe sind ihr Alltag, ja ihr Leben. Und in eben dieses Leben bricht Jesus herein. So wird das auch der erwachsene Jesus immer wieder machen. Zachäus, der Zöllner, klettert auf einen Baum, damit er Jesus besser aus der Ferne erblicken kann. Und was macht Jesus? Er geht auf ihn zu, ja er lädt sich bei ihm ein. Wenn man ihm die Tür öffnet, dann verschiebt das die Prioritäten. Dann sehen Menschen die gleichen Dinge plötzlich mit anderen Augen. So wird das immer wieder von Begegnungen mit Jesus berichtet. Freiheit bedeutet nicht mehr „Freiheit von allen Zwängen", sondern „befreit sein zu einem Leben mit Anderen und mit Gott". Glücklich sein bedeutet nicht „möglichst viel Besitz", sondern glückselig sein bedeutet, reinen Herzens zu sein und friedfertig.

Wer Gottes Sohn begegnet, der kann die Welt mit anderen Augen sehen. Und Gottes Sohn, der Retter der Welt, der Messias ist da, wo wir ihn nicht erwarten. Er kann mitten in unser Leben treten. Das ist der ganze Sinn von Weihnachten. Das ist der ganze Sinn unseres Krippenspieles. Die Erfahrung, die nach 2.000 Jahren noch so lebendig ist wie für die erste Christenheit, bedeutet: Wer zu diesem Jesus kommt, wer an seine Krippe kommt, der geht anders als er kam. Dem werden die Augen aufgehen und er oder sie wird ihre Welt mit anderen Augen sehen.

Eine Friede-Freude-Eierkuchen-Welt ist das nicht. Die Welt bleibt die Welt mit Ihren Ungerechtigkeiten, Zumutungen, Krankheiten und Schicksalsschlägen, Wirtschaftskrisen die große und kleine Unternehmen in ihrer Existenz bedrohen, selbst mit ihren Kriegen. Paul Gerhardt, der Dichter des Liedes „Ich steh an Deiner Krippen hier", hat dies nach den Verheerungen des 30-jährigen Krieges geschrieben. Aber das hat Gerhardt durch alles persönliches Leid hindurch ganz klar gesehen: Wenn wir uns an die Krippe stellen, zum Kindlein kommen, das selbst zu uns gesandt ist, dann können wir die Welt nicht nur sehen, wie sie ist, sondern immer auch, wie sie von Gott gemeint ist. Dafür öffnet er uns die Augen. Und er befreit uns dazu, auch etwas dazu zu tun, dass unsere Welt ein wenig mehr so wird, wie sie von Gott gemeint ist. Gerechtigkeit – weder nach dem Motto des Kapitalismus: „Jeder nach seiner Leistung" noch nach dem Motto des Kommunismus: „Jedem nach seinen Bedürfnissen", sondern Gerechtigkeit Gottes bedeutet: „Für jede und jeden genug". Das Maß der Gerechtigkeit Gottes heißt Güte. Und wir selber, die wir heute hierher zur Krippe gekommen sind, können uns auf diesen anderen Blick auf unsere Welt, und so auch auf dieses etwas andere Verständnis von Gerechtigkeit einlassen.

Amen.

Christvesper 2007[29]

Ihr Lieben,

kein sehr fröhliches Krippenspiel, das die Kinder uns eben gezeigt haben. Dem Mädchen war die Mutter gestorben, dem Kind war kalt, einer war alt, einer einsam, eine Frau schwach, ein Manager hatte keine Zeit. Aber soll Weihnachten nicht ein fröhliches Fest sein? Kein sehr traditionelles Krippenspiel war das. Aber wenn wir überlegen, dann ist auch das traditionelle Krippenspiel nicht besonders fröhlich.

Freilich, es wird ein Kind geboren, aber unter welchen Umständen? Vermutlich würden heute die Familiengerichte wegen der unzumutbaren Verhältnisse einschreiten. Im Stall wird das Kind geboren.

Wir wissen heute, dass genau dies Kind, von dem erzählt wird, dass es selbst unter so unzumutbaren Verhältnissen zur Welt kam, der Erlöser ist. Die Menschen aus unserem Krippenspiel zogen zu ihm hin.

Eines sehen wir an unserem Krippenspiel, an der Geschichte von Jesu Geburt aber auch an unserem eigenen Leben ganz deutlich. Die Welt ist nicht perfekt. Weihnachten scheint das manchmal anders zu sein. Überall leuchten die Weihnachtszimmer hell und freundlich. Aber dann konnten wir auch immer wieder lesen, dass zu Weihnachten die Ansprüche an die Perfektheit so groß sind, dass viele ihnen nicht gerecht werden können.

In dem wunderbaren Kinder-Musical von Ritter Rost heißt es, dass der König Bleifuß vorbildliche Weihnachten von seinen Rittern fordert. Und häufig ist es auch bei uns so. Wir wollen vorbildliche Weihnachten und laden das Fest so mit einem Anspruch auf, der zum Scheitern des Festes führt. Gut ist es da, wenn wir uns daran erinnern, dass Weihnachten das Fest ist, an dem der Erlöser geboren wurde. Denn einen Erlöser brauchen perfekte Menschen nicht. Wieso sollten Perfekte erlöst werden? Der Erlöser ist für die Unperfekten da. So sind wir als Menschen. Unperfekt. Und Gott weiß das. Er stellt an uns keine unerfüllbaren Ansprüche. Er weiß, dass wir Menschen sind und damit unperfekt und gerade deshalb schickt er uns den Erlöser. Einen Erlöser, der selbst unter alles anderem als perfekten Bedingungen in diese Welt kam.

Dass dieser Retter da ist, das ist der Grund unserer Weihnachtfreude. Ein Retter gerade für uns als unperfekte.

Amen.

---

[29] Lehnitz.

Christvesper 2006 (Jes. 9, 1-6)[30]

Text

Das Volk, das im Finstern wandelt, sieht ein großes Licht, und über denen, die da wohnen im finstern Lande, scheint es hell. Du weckst lauten Jubel, du machst groß die Freude. Vor dir wird man sich freuen, wie man sich freut in der Ernte, wie man fröhlich ist, wenn man Beute austeilt. Denn du hast ihr drückendes Joch, die Jochstange auf ihrer Schulter und den Stecken ihres Treibers zerbrochen wie am Tage Midians. Denn jeder Stiefel, der mit Gedröhn dahergeht, und jeder Mantel, durch Blut geschleift, wird verbrannt und vom Feuer verzehrt.

Denn uns ist ein Kind geboren, ein Sohn ist uns gegeben, und die Herrschaft ruht auf seiner Schulter; und er heißt Wunder-Rat, Gott-Held, Ewig-Vater, Friede-Fürst; auf daß seine Herrschaft groß werde und des Friedens kein Ende auf dem Thron Davids und in seinem Königreich, daß er's stärke und stütze durch Recht und Gerechtigkeit von nun an bis in Ewigkeit. Solches wird tun der Eifer des HERRN Zebaoth.

Predigt

Ihr Lieben,

der kleine Engel der nicht mitsingen wollte, der könnte auch aus unserem Predigttext stammen. Auch zu Zeiten Jesajas herrschte keineswegs eitel Sonnenschein. Sein Land hatte im Krieg gerade einige Provinzen verloren. Das „Volk wandelt im Finstern“, sagt Jesaja. Und dennoch gibt es eine Hoffnung für Jesaja, eine Hoffnung auf Leben, eine Hoffnung auf Gott, eine Hoffnung auf ein Kind, das kommen wird, das Gottes Auserwählter sein wird. Das wirkliche Leben, das Leben, das Gott verheißt, das liegt noch vor ihnen.

Ihr Lieben, wenn wir mal ehrlich mit uns sind, dann wissen wir, uns geht es eigentlich nicht so schlecht wie dem Volk Jesajas damals. Dass unserem Land im Krieg Provinzen abgetrennt wurden, liegt schon sehr lange zurück. Zum Glück. Wir sind auch nicht von mächtigeren Feinden umstellt, sondern in Mitteleuropa herrscht Frieden. Diktaturen wurden beiseite gefegt und Probleme löst uns die EU. Zwar nicht immer effizient und zu aller Zufriedenheit, aber zumindest ohne kriegerische Mittel. Die Wirtschaft scheint in letzter Zeit anzuspringen, sogar die Arbeitslosenzahlen gehen auf unter 5 Millionen zurück. Dennoch sind wir in Deutschland bei Meinungsumfragen immer am pessimistischsten, wenn es um unsere Zukunft geht. Noch das ärmste Land in Afrika ist von optimistischeren und zukunftsfroheren

[30] Lehnitz.

Menschen bevölkert als wir es sind. Dabei wissen wir es ganz genau, es könnte uns viel schlechter gehen. Noch vor 20 Jahren hätten wir von den Autos nicht zu träumen gewagt, die wir heute selbstverständlich fahren. Wir leisten uns Auslandsurlaube, Restaurantbesuche, sogar eigene Häuser und selbst wenn wir arbeitslos werden, fallen wir nicht ins absolute Nichts. Und doch, von dem „lauten Jubel" oder der „großen Freude", von der Jesaja spricht, ist bei uns wenig zu spüren. Woran liegt das eigentlich? Muss es uns Menschen erst richtig schlecht gehen, damit wir uns wirklich freuen können?

Vielleicht ist es aber auch noch etwas anderes. Unsere Zeit ist ja nicht nur satter als es frühere Zeiten waren, sondern auch schneller. Zeit ist ein knappes Gut. Und wie häufig ist unklar, ob wir es sind, die die Zeit haben, oder ob es die Zeit ist, die uns hat. Sind wir die Opfer unserer Termine oder machen wir unsere Termine? Viele von uns treibt dieses schlechte Gewissen, eigentlich nicht genug zu tun, eigentlich den Ansprüchen nicht zu genügen, eigentlich die Dienstreise nicht absagen zu können, eigentlich diesen Kunden auch noch zu bedienen, eigentlich diesen Klienten nicht enttäuschen zu können, eigentlich dies ehrenamtliche Engagement auch noch machen zu müssen und eigentlich doch auch für die Familie da sein zu wollen.

Weihnachten kann da für uns alle eine gute Gelegenheit sein. Weihnachten ist für die Allermeisten von uns ja doch noch eine Pause im Getriebe, ein Fest der Familie, des Zusammenseins. Solche Pausen sind seltener geworden. Nicht nur, weil die Läden immer länger geöffnet haben – das ist ja eher ein Zeichen dafür, dass viele von uns anscheinend auch Pausen nur noch schwer ertragen. Pausen sind Stillstand im Getriebe. Weihnachten bleibt noch so ein Stillstand.

Wenn wir jetzt gleich aus der Christvesper nach Hause gehen, an den geschmückten Häusern vorbei und die Kinder zu Hause es vor Spannung kaum noch aushalten. Wir Großen wissen ja auch noch genau, wie das bei uns früher war. Weihnachten ist das Gegenprogramm zum Alltag. Weihnachten können wir immer noch einmal überlegen, was es auf sich hat mit unserem Leben. Was eigentlich sein Inhalt, was eigentlich sein Ziel ist. Manchmal können wir dazu auf die Pyramide sehen oder auf die Krippe, wo das kleine Jesuskind im Stall liegt. „Maria und Josef betrachten es froh", heißt es im Lied. Oder wir sehen in die Augen der Kinder, die mit uns Weihnachten feiern. Dann denken wir vielleicht wieder darüber nach, was Jesaja uns verheißen hat und was das für unser wirkliches Leben bedeuten kann: Denn uns ist ein Kind geboren, ein Sohn ist uns gegeben, und die Herrschaft ruht auf seiner Schulter; und er heißt Wunder-Rat, Gott-Held, Ewig-Vater, Friede-Fürst; auf daß seine Herrschaft groß werde und des Friedens kein Ende auf dem Thron Davids und in seinem Königreich, daß er's stärke und stütze durch Recht und Gerechtigkeit von nun an bis in Ewigkeit. Solches wird tun der Eifer des HERRN Zebaoth

Amen.

Christvesper 2005[31]

Ihr Lieben,

Gottes Kind ist dieser Welt geschenkt worden. Wer würde sich nicht freuen, wenn ein Kind geboren wird. Dabei ist das mit den Geschenken ja immer so eine Sache.

Für Euch jüngere ist das vielleicht noch am einfacher. Geschenke sind doch prima, was gibt's denn da zu meckern? Aber vielleicht geht es Euch manchmal auch schon so, dass die Freude beim ersten Geschenk noch unbändig ist und beim zweiten noch ganz groß und beim dritten ist es eine riesen Überraschung, dass da so ein toller Lego-Kasten drin ist und beim vierten Paket noch ein Auto und eine Puppe und noch ein Hubschrauber und ein Teddy und irgendwann hat man dann so viele Sachen geschenkt bekommen, dass die Freude gar nicht ausreicht für die ganzen Geschenke. Man sagt bei den letzten Geschenken nur noch pflichtgemäß: „Vielen Dank, lieber Onkel Paul, für die schöne Spielzeugeisenbahn" und sie zu den anderen Spielzeugeisenbahnen stellt. Und dann ist da auch noch das Christkind geboren – noch so ein Geschenk – wo stellen wir das jetzt gleich hin?

Für uns größere ist das manchmal auch schwierig. Es fängt beim Geschenke besorgen an. Das was zu schenken so in der Macht des Geldbeutels liegt, ist meist alles schon vorhanden. Noch ein Schlips kann wenigstens nicht schaden und nimmt nicht allzu viel Platz im Kleiderschrank weg. Ein kleines Goldkettchen passt auch noch in den Nachttisch, aber noch eine praktische Küchenmaschine? Ich will nicht die ganze Freude vorwegnehmen.

Aber auch denen unter uns, die es mit dem alten Vorhaben versucht haben, dieses Jahr nun wirklich nichts zu schenken, geht es vermutlich nicht wirklich besser. Ephraim Kishon hat die Situation unnachahmlich beschrieben. Werden die anderen nicht enttäuscht sein, wenn es wirklich gar nichts gibt? Wenigstens eine Kleinigkeit? Wie groß darf eine Kleinigkeit sein?

Die Alternative sind ganz klare Wünsche. Die jungen Leute, die richten gerade ihren Haushalt ein und denen fehlt noch eine Suppenschüssel, ein Akkuschrauber, ein Weinglasset. Aber wenn man die falsche Suppenschüssel, den falschen Akkuschrauber, das falsche Weinglasset kauft? Um nichts falsch zu machen schenkt man dann doch lieber dezent einen kleinen Umschlag und schreibt „für die Suppenschüssel" drauf. Auch wenn man vermutlich manchem Ärger aus dem Weg geht, ist es noch ein richtiges Geschenk?

---

[31] Lehnitz.

Was für eine Sorte Geschenk ist das Christkind? Ist es ein Geschenk der Sorte Schlips, das ein Mal getragen im Kleiderschrank verschwindet? Ein Geschenk der Sorte Küchenmaschine, dem die alte Küchenmaschine weichen muss, die doch noch ganz gut funktioniert hat? Ein Geschenk der Sorte „Bargeld" – das kann man immer gebrauchen und ist als universales Äquivalent zu vielerlei nütze? Ist so das Kind in der Krippe, zu vielerlei nütze?

Ich würde Euch gern einen Gedanken von Dietrich Bonhoeffer vorstellen. Bonhoeffer meinte, dass wir in einer Zeit leben würden, die Gott eigentlich nicht mehr braucht. Sie braucht Gott nicht mehr, weil er zur Erklärung der Welt nicht mehr notwendig ist. Früher, als es noch keine wissenschaftliche Erklärung der Entstehung der Welt gab, da brauchte man noch Gott, der als mythischer Weltenschöpfer fungierte. Früher, als man noch nichts von der Evolutionstheorie wusste, da brauchte man Gott, damit die Entstehung der Tiere und der Menschen erklärbar wurde. Früher, als es noch keine Medizin gab und das Leben ständig von unsichtbaren Krankheiten zum Tode bedroht war, da brauchte man Gott, damit er diesem zufälligen Leben einen Sinn geben konnte. Heute, da der Mensch selbstbestimmt sich selbst bestimmt, kann er auch sich selbst einen Sinn geben. Wir brauchen Gott nicht mehr, um das werden der Welt, des Menschen oder den Sinn des Ganzen zu erklären. Gott als Welterklärungsinstanz ist überflüssig geworden. Und damit ist ein Prozess ans Ende gekommen, meinte Bonhoeffer, der schon ganz am Anfang des Alten Testaments seinen Anfang genommen hat. Die Welt sei in gewisser Weise mündig geworden, mündig von Gott. Ganz am Anfang der Bibel, da steht nämlich die Schöpfungsgeschichte. Und schon dort wird mit den Mythen der Nachbarvölker aufgeräumt. Von wegen, dass Sonne, Mond und Sterne Götter seien, es sind ganz einfach Lichter. Lichter, die Gott gemacht hat. Mit der Schöpfungsgeschichte wurden so die anderen Götter der Sonne und der Sterne abgeschafft. Die Welt brauchte sie nicht mehr. Die Wissenschaft und Technik hat das mit Gott dann ebenso gemacht. Er wird nicht mehr gebraucht, um Welt und Menschen zu erklären. Gern wird das in kirchlichen Kreisen bedauert. Es wird dann geseufzt, ach früher, als wir Gott noch brauchten, da war's besser. Bonhoeffer sah das nicht so. Er war froh, dass wir Gott nicht mehr brauchten zur Erklärung der Welt. Denn, wenn man Gott so gebraucht, dann muss er immer eine ganz bestimmte Funktion erfüllen. Gott ist quasi ein Lückenbüßer für all das, was wir noch nicht besser wissen. Und wenn der Mensch dann in den Weltraum fliegen kann und auch dort Gott nicht antrifft, dann rückt Gott wieder ein Stück weiter an den Rand – dahin, wo wir es noch nicht genau wissen. Auf diese Weise verschwindet Gott Stück für Stück immer weiter aus unserem Leben. Wenn wir Gott als Welterklärungsprinzip verstehen, dann haben wir ihn dazu verurteilt, aus unserer Welt immer weiter zu verschwinden. Und

Bonhoeffer meinte nun, es ist ganz gut, dass Gott auf diese Weise aus der Welt verschwunden ist. Nicht, dass er damit ganz verschwunden wäre, aber wenn Gott nicht mehr Lückenbüßer sein muss für alles, was wir noch nicht wissen, wenn er nicht mehr von uns in Leerstellen hineingepresst werden muss, dann kann Gott als der zur Welt kommen, als der er wirklich ist. Er kann sich selbst so zur Sprache bringen, wie er möchte, dass von ihm gesprochen wird. Er kann sich selbst so in Erfahrung bringen, wie er möchte, dass wir ihn erfahren. Nicht irgendwo ganz am Rand unseres Wissens, sondern vielmehr mitten in unserem Leben. Als unser Gott mitten in unserem Leben möchte er erfahren, erzählt und erlebt werden. Und Weihnachten ist genau dieses Fest, in dem Gott sich als der zu erkennen gibt, der er ist. Weihnachten, die Geburt des Kindes Jesus ist Gottes Geschenk an uns Menschen. In diesem Kind, in diesem Menschen können wir erleben, wie Gott ist.

Das ist eine andere Art von Geschenk als jene, von denen vorhin die Rede war. Kein überflüssiges Geschenk. Ein Kind ist kein Geschenk, das in der nächstbesten Ecke verschwindet. Aber auch kein Geschenk so funktional wie eine Suppenschüssel, ein Akkuschrauber oder ein Weinglasset. Da weiß man gleich, wofür es gut ist. Das weiß man bei Gott als großem Welterklärer auch, aber weiß man es bei einem Kind? Nicht, dass Kinder zu nichts nütze wären, aber weiß man es, wozu ein Kind nutzt? Das ist doch die falsche Frage, wenn ein Kind geboren wird, „wozu nutzt es“. Gott kommt heute als Kind zu seiner Welt. Das ist sein Geschenk. Ein Kind ist ein Geschenk, das uns herausfordert. Es fordert uns heraus, eine Beziehung zu ihm aufzunehmen. Wer geht schon gleichgültig an einem Kind vorbei, wenn es einen anlacht? Und wenn man doch nicht gleich reagiert, dann kann so ein kleines Kind auch noch ganz andere Töne anschlagen. Dann werden wir schon reagieren müssen. Ein seltsames Geschenk, so ein Kind. Eines, zu dem wir uns verhalten müssen. Und wenn wir uns zu ihm verhalten, dann setzen wir uns automatisch in Beziehung mit dem, der uns dieses Kind geschenkt hat. Das ist der Sinn von Weihnachten. Gott will, dass wir uns über dieses Kind zu ihm in Beziehung setzen.

Ein Geschenk, das Freude bringt – Arbeit auch, bestimmt. Aber ein Geschenk, über das wir Gott besser kennenlernen können. Und das sind am Ende ja zu Weihnachten doch auch immer die schönsten Geschenke; Geschenke, die uns etwas über den Schenker verraten, die uns vielleicht sogar sagen: Du bist mir wichtig, Du bist von mir gemeint, mit Dir ist es mir Ernst, mit Dir will ich mich freuen!

Amen.

Pfingsten (EG 133 - Zieh ein zu deinen Toren, Paul Gerhardt)[32]

Biographisches

„Paul Gerhardt wurde als zweites von vier Kindern in eine Gastwirtsfamilie in Gräfenheinichen 1607 Kurfürstentum Sachsen geboren. Wie viele andere Familien in Kursachsen hatten auch die Gerhardts unter den Folgen des Dreißigjährigen Krieges – Hungersnot, Seuchen und den Übergriffen der Soldaten – zu leiden; 1619 starb sein Vater, 1621 die Mutter.

Paul Gerhardt wurde am 4. April 1622, wie schon sein Bruder zwei Jahre zuvor, in die Fürstenschule St. Augustin in Grimma aufgenommen. Die Schule galt als Schmiede des sächsischen Pfarrer- und Beamtennachwuchses. In einem straff organisierten Tagesablauf wurde den Schülern vor allem Wissen in der Religion und den alten Sprachen beigebracht. Nach seiner erfolgreichen Prüfung verließ Gerhardt am 15. Dezember 1627 die Fürstenschule mit den nötigen Voraussetzungen für das Studium an einer Universität. Gerhardt entschied sich für ein Studium der Theologie an der lutherischen Universität Wittenberg, wo er sich am 2. Januar 1628 immatrikulierte.

In Wittenberg hatten viele Menschen vor den Folgen des Krieges Zuflucht gesucht, im Jahr 1636/37 grassierte die Pest. Das Kirchenamt musste für die Pesttoten eigene Sterbebücher anlegen. Paul Gerhardts nahe gelegene Heimatstadt wurde am 11. April 1637 von schwedischen Soldaten vollständig zerstört. Am 7. November 1637 starb Gerhardts Bruder Christian. Die Erfahrungen in Wittenberg wirkten auf Gerhardt prägend.

Um 1643 ging Gerhardt nach Berlin. Die Stadt war durch den Dreißigjährigen Krieg stark in Mitleidenschaft gezogen; Pest, Pocken und die Bakterienruhr reduzierten die Bevölkerungszahl von 12.000 vor dem Krieg auf 5.000 Einwohner bei Kriegsende. Hier fand Gerhardt bei dem Kammergerichtsrat Andreas Berthold und seiner Frau Elisabeth, eine Anstellung als Hauslehrer.

Gerhardt verfasste unter den Eindrücken der Kriegsereignisse und ihrer Folgen weitere Liedtexte. Er beschränkte sich nicht auf die Reflexion seiner Eindrücke, sondern beteiligte sich an der geistlichen und geistigen Erbauung seiner Zeitgenossen, indem er ihnen in seinen Liedern neuen Mut und Hoffnung geben wollte. Seinen seelsorgerisch geistlichen Beitrag leistete Gerhardt vor allem an der Berliner Nikolaikirche. Hier wirkte seit 1622 Johann Crüger als Kantor, der 1640 erstmalig das sein Gesangbuch „Übung der Gottseligkeit in christlichen und trostreichen Gesängen" herausgegeben

[32]Gottesdienst, Germendorf, 30. 05. 2009.

hatte. Zwischen ihm und Gerhardt entstand eine langjährige freundschaftliche Zusammenarbeit. Als Crüger 1647 sein Gesangsbuch erneut auflegte, steuerte Gerhardt bereits 18 Lieder bei. Bis zur 5. Auflage 1653 erhöhte sich ihre Zahl auf 82.

Nach dem Tod des langjährigen ersten Mittenwalder Pfarrers 1651 und einer gewissen Erholung von den Kriegsfolgen setzte der Rat der Stadt den Paul Gerhardt am 30. November in das Amt in Mittenwalde ein.

Neben seiner pfarramtlichen Tätigkeit dichtete er auch in Mittenwalde Lieder. 1653 erschien die fünfte Auflage von Crügers Gesangbuch, in dem sich 64 neue Lieder von Gerhardt befanden. Während dieser Zeit verfasste er unter anderem das Passionslied „O Haupt voll Blut und Wunden", das heute zum Weltkulturerbe gerechnet wird.

Die Beziehungen zur Berliner Gemeinde erhielt Gerhardt aufrecht. Am 11. Februar 1655 heiratete er Anna Maria, die Tochter von Andreas Berthold. Im Jahr darauf, am 19. Mai 1656, bekam das Paar eine Tochter, Maria Elisabeth, die bereits ein halbes Jahr später am 28. Januar 1657 starb. Dem Paar wurden noch vier weitere Kinder geboren, von denen drei aber bald verstarben; als einziger überlebte der Sohn Paul Friedrich seine Eltern.

Im Mai 1657 wurde Gerhardt mitgeteilt, dass er zum zweiten Diakon an der Berliner Nikolaikirche gewählt worden war.

Der brandenburgische Kurfürst Johann Sigismund war 1613 vom lutherischen zum reformierten calvinistischen Bekenntnis übergetreten und erhob diesen zur Hof- und Beamtenreligion. In der Confessio Sigismundi gestattete er indes seinen Landeskindern, diesen Übertritt nicht nachzuvollziehen und begründete damit eine Ausnahme von der damals üblichen Praxis nach der Formel cuius regio eius religio. Dennoch kam es immer wieder zu konfessionellen Spannungen, vor allem, als Kurfürst Friedrich Wilhelm das Verfügungsrecht über die Kirchenangelegenheiten übernahm und eine Politik begann, die er als Toleranzpolitik kennzeichnete, die aber de facto die Lutheraner ausgrenzte. Die Folge war, dass der Kurfürst 1662 seinen Untertanen verbot, an der Universität Wittenberg zu studieren.

Im Land des Kurfürsten regte sich der Unmut der lutherischen Theologen, deren Zentrum Berlin war. So war auch Gerhardt an den Auseinandersetzungen beteiligt und vertrat vehement den lutherischen Standpunkt. Die starre Haltung der Lutheraner kam der Politik des Kurfürsten nicht gelegen. Er sah darin eine Gefährdung des Friedens und verordnete daher am 16. September 1664 ein Toleranzedikt. Die Verordnungen der reformierten Lehre waren für den lutherischen Standpunkt nicht vertretbar, bedeuteten sie doch die Anerkennung einer vermeintlich ketzerischen Religion und damit die Abkehr vom unverfälschten Glauben. Dennoch forderte der Kurfürst die Lutheraner auf, das Toleranzedikt mit ihrer Unterschrift anzuerkennen. Alle, die sich weigerten, wurden vom Kurfürsten entlassen.

Am 31. Januar 1666 sollte auch Gerhardt seine Unterschrift leisten. Wie viele andere verweigerte er sie und wurde daraufhin am 13. Februar als Pfarrer entlassen. Die Berliner Bürger und Gewerke waren mit der Amtsenthebung Gerhardts nicht einverstanden und forderten in einer Vielzahl von Eingaben seine Wiedereinsetzung unter Befreiung der Unterschriftsleistung. Der Berliner Magistrat wandte sich daher an den Kurfürsten, der dieses Ansinnen zunächst ablehnte. Da sich Gerhardt mit seinen geistlichen Liedern auch außerhalb Berlins Ansehen erworben hatte, intervenierten auch die märkischen Landstände gegen Gerhardts Entlassung. Der Kurfürst setzte Gerhardt am 12. Januar 1667 wieder in sein Amt ein. Der jedoch verzichtete aus Glaubens- und Gewissensgründen auf sein Amt. Daraufhin verfügte der Kurfürst am 4. Februar 1667 die endgültige Entlassung Gerhardts, der nun ohne Einkommen war. Am 5. März starb seine Frau Anna Maria.

Am 5. September 1668 war der Pfarrer von Lübben gestorben. Der Rat von Lübben, das damals nicht zu Brandenburg, sondern zu Kursachsen gehörte, suchte daraufhin eine geeignete Person zur Neubesetzung der Stelle. Man entschloss sich, Gerhardt einzuladen. Gerhardt folgte dem Ruf nach Lübben wurde er im Oktober 1668 in das Amt des Archidiakons an der damaligen Nikolaikirche berufen. Hier verbrachte er seine letzten Lebensjahre in bescheidenen Verhältnissen. Gerhardt starb in seinem 70. Lebensjahr am 27. Mai 1676 in seiner Lübbener Pfarrwohnung.“ (Zitiert nach Wikipedia).

Das Lied

EG 133 - Zieh ein zu deinen Toren, Paul Gerhardt, 1653

1. Zieh ein zu deinen Toren,
sei meines Herzens Gast,
der du, da ich geboren,
mich neu geboren hast,
o hochgeliebter Geist
des Vaters und des Sohnes,
mit beiden gleichen Thrones,
mit beiden gleich gepreist.

In dieser ersten Strophe steckt eine ganze Theologie. Gottes Geist ist es, um dessen Kommen Gerhardt mit uns bittet. Er ist nicht zu trennen von Gott Vater und dem Sohn, Jesus Christus. Dieser Geist ist nichts anderes, er setzt Gott nichts hinzu und ist auch nichts weniger als Gott, sondern es ist Gott, so wie er bei uns ist, uns noch heute begeistern kann.

2. Zieh ein, laß mich empfinden
und schmecken deine Kraft,
die Kraft, die uns von Sünden
Hilf und Errettung schafft.
Entsünd'ge meinen Sinn,
daß ich mit reinem Geiste
dir Ehr und Dienste leiste,
die ich dir schuldig bin.

In Gerhardt Lied ist dieser Geist Gottes nichts abstraktes, fernes, sondern etwas, das wir empfinden, sogar schmecken können. Er ist es, der uns hilft, tröstet und errettet. Mit seiner Hilfe können wir manches schaffen; manches, das wir allein nie könnten, wir uns selbst retten.

3. Ich war ein wilder Reben,
du hast mich gut gemacht;
der Tod durchdrang mein Leben,
du hast ihn umgebracht
und in der Tauf erstickt
als wie in einer Flute
mit dessen Tod und Blute,
der uns im Tod erquickt.

Gerhard meint nicht, dass in seiner Umgebung viel gestorben wurde, sondern er vom wahren Leben getrennt war. Das ist der Geist Gottes.

4. Du bist das heilig Öle,
dadurch gesalbet ist
mein Leib und meine Seele
dem Herren Jesus Christ
zum wahren Eigentum,
zum Priester und Propheten,

zum König, den in Nöten
Gott schützt vom Heiligtum.

Obwohl er so vom Tod umgeben ist, schätzt er das Leben nicht gering. Gott selbst schätzt es nicht gering. Er schützt sein Heiligtum – und das sind nicht Kirchengebäude, sondern das sind wir Menschen mit Leib und Seele.

5. Du bist ein Geist, der lehret,
wie man recht beten soll;
dein Beten wird erhöret,
dein Singen klinget wohl,
es steigt zum Himmel an,
es läßt nicht ab und dringet,
bis der die Hilfe bringet,
der allen helfen kann.

Freilich, Gerhardt war noch nicht verheiratet und seine Kinder noch nicht gestorben als er das dichtet, aber dennoch ist der 30-jährige Krieg gerade ein paar Jahre zu Ende. Ist das nicht zynisch? Es geht Gerhardt ums rechte Beten. Da geht es nicht bloß um Wunscherfüllung, sondern gemeint ist ein Gebet, wie wir es im Vaterunser beten.

6. Du bist ein Geist der Freuden,
von Trauern hältst du nichts,
erleuchtest uns im Leiden
mit deines Trostes Licht.
Ach ja, wie manches Mal
hast du mit süßen Worten
mir aufgetan die Pforten
zum güldnen Freudensaal.

Sicher ist Pfingsten ein freudiges Fest. Die Jünger treten aus der Kammer hinaus, in der sie verängstigt saßen. Sie reden los, erzählen begeistert in allen möglichen Sprachen. – Aber ist der Geist tatsächlich ein Geist, der nichts vom Trauern hält? Gerhardt sagt es selbst; dieser Geist ist ein Tröster. Er lässt uns nicht in der Trauer, aber die Trauer hat ihre Zeit – was sollte wohl ein Tröster ohne Trauer?

7. Du bist ein Geist der Liebe,
ein Freund der Freundlichkeit,
willst nicht, daß uns betrübe
Zorn, Zank, Haß, Neid und Streit.
Der Feindschaft bist du feind,
willst, daß durch Liebesflammen
sich wieder tun zusammen,
die voller Zwietracht seind.

Dies sagt Gerhardt, der selbst in Religionskonflikte verbandelt ist. In einen Streit zwischen Reformierten und Lutheranern, wie wir ihn uns heute nicht vorstellen können, da wir ganz normal in einer Kirche miteinander leben. Aber Gerhardt weiß und singt, dieser Streit ist wie jeder Streit nicht Gottes Wille.

8. Du, Herr, hast selbst in Händen
die ganze weite Welt,
kannst Menschenherzen wenden,
wie dir es wohlgefällt;
so gib doch deine Gnad
zu Fried und Liebesbanden,
verknüpf in allen Landen,
was sich getrennet hat.

Gerhardt traut Gottes Geist viel zu. Vor allem Versöhnung ist seine Aufgabe. Versöhnung mit Gott, gewiss, aber auch ganz profan die Versöhnung unter uns Menschen. Es gibt es, dass wir uns trennen und entzweien. Dabei brauchen wir nicht stehen zu bleiben. Gerhardt meint nicht, dass wir es von uns aus schaffen, uns immer zu versöhnen, sondern das Trennende überwinden, das ist eine Gotteskraft.

9. Erhebe dich und steu're
dem Herzleid auf der Erd,
bring wieder und erneu're
die Wohlfahrt deiner Herd.
Laß blühen wie zuvor
die Länder, so verheeret,
die Kirchen, so zerstöret
durch Krieg und Feuerszorn.

Verheeret und zerstöret durch Krieg und Feuerszorn – das kennen wir bestenfalls noch aus dem Fernsehen. Aber dass unsere Kirchen wie zerstört dastehen, dass wir nicht die Mittel haben, sie zu sanieren, das erleben wir nicht nur hier in Germendorf. Durch die Wirtschaftskrise wird es in Zukunft gewiss nicht einfacher. Aber dennoch erleben wir auch immer wieder, wie Kirchen, die schon brach lagen und aufgegeben wurden, wieder zu echten Dorfzentren werden. Die Dresdner Frauenkirche ist ein Beispiel davon – sie blieb über die ganze DDR als Ruine erhalten und strahlt nun in neuer Pracht. Auch hier hofft Gerhardt auf Gottes Geist.

10. Beschirm die Obrigkeiten,
richt auf des Rechtes Thron,
steh treulich uns zur Seiten;
schmück wie mit einer Kron
die Alten mit Verstand,
mit Frömmigkeit die Jugend,
mit Gottesfurcht und Tugend
das Volk im ganzen Land.

Ich weiß nicht, wie es Euch geht, aber ein Gebet für die Obrigkeit klingt für mich immer noch schwierig. Aber Gerhardt liegt mit seinem Fürsten ja selbst über Kreuz. Dennoch betet er für ihn. Was aber bittet er? Er bittet, dass das Recht herrsche. Der Thron des Rechts soll aufgerichtet werden. Da allerdings können wir aus ganzem Herzen einstimmen.

11. Erfülle die Gemüter
mit reiner Glaubenszier,
die Häuser und die Güter
mit Segen für und für.
Vertreib den bösen Geist,
der dir sich widersetzet
und, was dein Herz ergötzet,
aus unsern Herzen reißt.

Gottes Geist selbst ist es, der die Trennung von ihm zu überwinden hilft. Er kommt zu uns. Er vertreibt, was uns von Gott trennt. Das hofft und darum bitten wir mit Gerhardt.

12. Gib Freudigkeit und Stärke,
zu stehen in dem Streit,

den Satans Reich und Werke
uns täglich anerbeut.
Hilf kämpfen ritterlich,
damit wir überwinden
und ja zum Dienst der Sünden
kein Christ ergebe sich.

Freilich geht das nicht ohne uns. Wir sind gefragt, wie wir zum Angebot Gottes und zu vielen anderen Angeboten, die uns trennen von Gott, stehen. Ritterlich, meint Gerhardt, sollen wir kämpfen. Ritterlich, da schwingt mit, tapfer, aber da schwingt auch „fair“ mit.

13. Richt unser ganzes Leben
allzeit nach deinem Sinn;
und wenn wir's sollen geben
ins Todes Rachen hin,
wenn's mit uns hier wird aus,
so hilf uns fröhlich sterben
und nach dem Tod ererben
des ewgen Lebens Haus.

Wir hatten es gesehen – der Tod ist allgegenwärtig in Gerhardts leben. Überhaupt im Leben seiner Zeitgenossen, vielleicht überhaupt im Leben der Menschen vor der modernen Medizin. Wir haben uns daran gewöhnt, dass man stirbt, wenn man alt ist. Zu Gerhardts Zeiten konnte man in jedem Lebensalter sterben. Der Tod gehörte in einer ganz anderen Weise zum Leben als heute. Dennoch ist der Tod auch für Gerhardt und seine Zeitgenossen bedrohlich. Der Tod beendet das Leben. Hier ist‘s mit uns aus. Und dennoch weiß Gerhardt, und gerade das ist Pfingsten, der Tod hat nicht das letzte Wort. Das Leben, das bei Gott ist, darauf dürfen wir hoffen, ja daran dürfen wir jetzt schon teilhaben. Darum lasst uns fröhlich sein, denn der Geist Gottes ist schon mitten im Leben zu uns gekommen.

Amen.

Weinstock und Reben (Joh. 15, 1-8)[33]

Text

1 Ich bin der wahre Weinstock und mein Vater der Weingärtner. 2 Eine jede Rebe an mir, die keine Frucht bringt, wird er wegnehmen; und eine jede, die Frucht bringt, wird er reinigen, dass sie mehr Frucht bringe. 3 Ihr seid schon rein um des Wortes willen, das ich zu euch geredet habe. 4 Bleibt in mir und ich in euch. Wie die Rebe keine Frucht bringen kann aus sich selbst, wenn sie nicht am Weinstock bleibt, so auch ihr nicht, wenn ihr nicht in mir bleibt.

5 Ich bin der Weinstock, ihr seid die Reben. Wer in mir bleibt und ich in ihm, der bringt viel Frucht; denn ohne mich könnt ihr nichts tun. 6 Wer nicht in mir bleibt, der wird weggeworfen wie eine Rebe und verdorrt, und man sammelt sie und wirft sie ins Feuer und sie müssen brennen. 7 Wenn ihr in mir bleibt und meine Worte in euch bleiben, werdet ihr bitten, was ihr wollt, und es wird euch widerfahren. 8 Darin wird mein Vater verherrlicht, dass ihr viel Frucht bringt und werdet meine Jünger.

Predigt

Ihr Lieben,

der Predigttext für den heutigen Sonntag ist der Evangeliums-Text und steht im Johannesevangelium im 5. Kapitel.

Das Gleichnis vom Weinstock, das Johannes von Jesus erzählt, ärgert mich in gewisser Weise. Zuweilen ist man ja geneigt, in einer Predigt diesen Ärger weg zu erklären. Ich will ihn gleich zum Anfang Ihnen auch benennen – vielleicht geht es Ihnen ja auch so wie mir. Ärger über etwas kann ja nicht nur Anlass sein, diese ärgerliche Sache künftig zu meiden, sondern kann auch Anlass sein, sich mit dieser Sache sogar intensiver auseinanderzusetzen. Auch deshalb, um genauer zu verstehen, was es eigentlich ist, das einen ärgert. Das Bewusstwerden des Ärgers über einen biblischen Text kann so ein ganz wesentlicher Schlüssel zu seinem Verständnis werden. Ich würde sie deshalb gern ermutigen, sich herzlich auch über den ein‘ oder anderen Bibeltext zu ärgern. Sie machen damit nichts Unbiblisches, sondern der Apostel Paulus selbst beschreibt so das Wesen des Evangeliums, das Griechen eine Torheit und den Heiden ein Ärgernis sei. Was ärgert mich also an dem Text? Mich ärgert dieses entweder oder des Johannes. Entweder man ist für Jesus, oder man ist gegen ihn. Entweder man bleibt bei ihm, oder man wird ins Feuer geworfen. Frucht bringen die, die am Weinstock bleiben, die anderen bringen keine Frucht und werden weggeworfen. Wie anders liest sich da

[33] Gottesdienst Friedrich-Weißler-Haus, Sachsenhausen, Jubilate, 03. 04. 2009.

vieles bei Lukas, wo auch noch das letzte verlorene Schaf gesucht wird. Johannes kennt die klaren Gegensätze: Schwarz und weiß; jene, die dazugehören und jene, die nicht dazugehören. Das ärgert mich. Es entspricht meiner Lebenserfahrung nicht, die auch noch Farbtöne zwischen Schwarz und Weiß kennt. Die sieht, dass die Trennlinie zwischen schwarz und weiß mitten durch Menschen hindurchgeht.

Mit diesem durch den Ärger geschärften Blick können wir nochmals in unseren Text aus dem Johannes-Evangelium schauen. Jesus vergleicht sich selbst mit einem Weinstock. Der Weingärtner ist sein Vater. Und allem Anschein nach sorgt der Weingärtner dafür, dass die Reben am Weinstock, die keine Frucht bringen, hinweg genommen werden. Dies ist doch sehr beachtlich. Anscheinend gibt es am Weinstock Jesu selbst Reben, die keine Frucht bringen und die deshalb ein guter Weingärtner abschneidet, damit sie anderen Trieben nicht die Kraft nehmen. Auf Jesus selbst wird das Bild bezogen, dass er fruchtbare und unfruchtbare Reben hat. Wenn wir dieses Zutrauen zu Gott haben können, dass er auch uns die Reben abschneidet, die keinerlei Frucht bringen, die sinnlos Kraft vergeuden – Kraft, die es anderswo viel sinnvoller einzusetzen gilt –, dann hat der anfängliche Ärger uns vielleicht auf eine Spur gesetzt, dem Text wirkliche Zuversicht abzugewinnen.

Einen Maßstab dafür, was fruchtbringend ist, was es heißt, fruchtbringend zu sein, gibt der Evangelist Johannes auch. Ganz grundsätzlich spricht er uns zu, dass wir schon rein sind. Wir müssen es nicht werden, müssen uns nicht bemühen, müssen nicht erst viele gute Früchte bringen, sondern wir sind es schon, wir sind schon rein – nicht aus eigener Anstrengung, sondern „um des Wortes willen, das ich zu Euch geredet habe". Weil Gott sich den Menschen zuwendet, deshalb sind sie rein! Die deutlichste Zuwendung Gottes zu den Menschen erkennen Christen in Jesus selbst, den wir deshalb sogar als Sohn Gottes bezeichnen. Und wenn wir so bei Gott bleiben, wie Christus uns ihn gezeigt hat, dann wird dies Früchte tragen. „Bleibt in mir und ich in euch. Wie die Rebe keine Frucht bringen kann aus sich selbst, wenn sie nicht am Weinstock bleibt, so auch ihr nicht, wenn ihr nicht in mir bleibt. Ich bin der Weinstock, ihr seid die Reben. Wer in mir bleibt und ich in ihm, der bringt viel Frucht; denn ohne mich könnt ihr nichts tun"(4-5). Wir müssen uns nicht darum bemühen, die größten Früchte hervorzubringen. Entscheidend ist, dass wir bei Gottes Zuspruch bleiben. Ohne ihn können wir gar nichts tun. Die allerschönsten und vielversprechendsten Früchte werden verdorren, wenn sie vom Weinstock getrennt sind. Das ist keine Ermutigung, die Hände in den Schoß zu legen. Es befreit aber von einem Aktionismus, als ob alles an uns und unserer Hände Werk hinge. Das ist nicht der Fall. Wir brauchen uns das auch gar nicht einzubilden. Das Gütekriterium, das

Johannes hier Jesus anlegen lässt, das Gütekriterium für all unser Bemühen ist, ob es eigentlich mit dem übereinstimmt, was Gott sich für seine Menschen wünscht.

Bei dem anfänglichen Ärger, oder gerade durch ihn, ließ sich so eine große Menge Zuspruch entdecken, in unserem Predigttext. Wir sind schon rein, sagt Jesus uns zu. Wir sind es, nicht kraft eigener Anstrengungen, sondern wir sind rein, weil wir von Gott bereits angenommen sind, so wie wir sind. Wenn wir uns allerdings abwenden von dieser Kraftquelle, dann schneiden wir uns selbst den Lebensnerv ab. Ich vermute, die meisten von uns haben das schon erlebt, was es bedeutet, sich selbst von dem abzuschneiden, was einem Kraft gibt. Wir Menschen können das. Es steht in unserem freien Willen. Aber empfehlenswert ist es nicht. Der Kraftquell, der dafür sorgt, dass unser Leben Frucht bringt, das ist der Zuspruch Gottes, die Annahme durch Gott. Dies hat Jesus uns gezeigt wie kein anderer.

Amen.

Printed by Books on Demand GmbH, Norderstedt / Germany